アイデアは地球を救う。

希望をつくる仕事 ソーシャルデザイン

まえがき

私たちの日常は、たくさんの情報で埋め尽くされています。その中には、私たちがふと「これは」と目を留めるものがあります。「はっ」とさせられるような、希望に満ちたニュース。そこには何か、共通の法則があるように思えます。それは「視点を変えてみると、世界は違って見えてくる」ということ。それから、「自分らしい気づきやアイデアをもとに、行動を起こしてみたことが、社会を変えるきっかけになっている」ということ。

「きっと誰だって、等身大の自分から、社会を変えていくことができるはず」。私たちに希望を与えてくれるのは、そんなメッセージではないでしょうか。

社会の課題を、自分らしくクリエイティブに解決していく。今、そんな新しい働き方をしている人たちが増えてきています。個性を生かして働くことが、社会をよりよくすることに結びつく。「ソーシャルクリエイターとしての働き方」は、これまでの画一的な「仕事」の定義を超えた可能性と勇気を示してくれるのです。

ソーシャルデザインとは、自分の「気づき」や「疑問」を「社会をよくすること」に結びつけ、そのためのアイデアや仕組みをデザインすること。

「自分らしい気持ちやアイデアを軸に、少しの勇気を持って行動してみたら、きっとあなたにも、社会を明るくする物語を描くことができる」。

私たちはそんな気持ちを込めて、この本に『希望をつくる仕事ソーシャルデザイン』という名前をつけました。この本では、たくさんのプロジェクトを題材に、ソーシャルプロジェクトを創造する視点やプロセス、ヒントを紹介していきます。

社会をよりよくしたいという想いを抱いている人、社会に働きかけたいけれど、具体的に何をすればいいか分からないでいる人、アイデアに行き詰まりを感じている人、学生や主婦、企業で働く人や引退後社会とのつながり方を模索している人、学校の先生や、公共事業に携わる人、ボランティアや社会貢献活動に関心のある人たち…。そんな人たちに手にしていただきたいという気持ちから、この本はつくられました。

「アイデアは地球を救う」。

この本からの「気づき」が、あなたと社会を結びつける、新たなきっかけとなることを願って。

ソーシャルデザイン会議実行委員会　メンバー一同

もくじ

第4章

ソーシャルデザイン35のアイデア

第1章

希望をつくる仕事とは

「希望をつくる仕事」とは、
どんな風に生まれるのでしょう。

あるところに、小さなまちがありました。

そのまちの真ん中には大きな音楽堂と公園があり、
お年寄りから子どもまで
まちの人たちはその場所がとても好きでした。

ところがある日、大きな火事が起こって、
その音楽堂は公園ごと燃え尽くされてしまいました。

大切な場所をうしなって
まちの人たちはとても悲しみました。

小さなまちにはそれをもとに戻すための
お金も十分にありません。
町長さんは
「この場所をもとに戻すには
少なくとも10年かかるだろう。
みんなでそれまでがまんして欲しい」
といいました。

「音楽堂がないまちなんて、もう魅力がない」

といって引っ越す人もいました。

「音楽堂がないから、外にでかける気持ちがしない」

と家にふさぎ込む人もいました。

公園を失って、まちからすっかり
元気が失われてしまったようでした。

ある日、ある音楽家がバイオリンを持って
公園だった場所を訪れました。
そして、みんなが大好きだった音楽を奏でてみました。
すると、それを聴いたまちの人が
「懐かしい」といって集まってきました。
音楽家は、少し嬉しくなりました。

「みんなの音楽堂を再興するためのお金を集めよう」
そう考えた主婦が、手作りのクッキーを作って
募金活動を始めました。
クッキーは子どもたちに大人気で
その噂はとなりまち、そのまたとなりまちにも伝わり
いつしかそれはまちの名物になりました。

学校の先生は、授業の時間に
森からドングリを拾い集め、育てた苗を
公園だった場所に植えることにしました。
大きな樫の木は燃えてしまったけれど
いつかその苗も大きく育つことを考えると
まちのみんなはそこを通りかかることが
嬉しくなりました。

新しい音楽堂ができるのは遠い未来のことだけど
みんなの心には少し勇気がともってきました。

一年がたち…

二年がたち…

月日が流れて…

そこには、りっぱな音楽堂が
つくられようとしていました。

それは、町長さんが最初にいった10年よりも
ずっと早くに実現したのです。

まちから音楽堂はなくなったけれど
まちから音楽がなくなることはありませんでした。

みんな、同じように哀しかったけれど
誰かのふとした行動が、他の誰かの心を
勇気づけることにつながりました。

「ここは、みんなの場所だね」

まちの人たちは、そのことをとても
誇りに感じていました。

心のしぼむようなできごとがあっても、誰かのふとした行動が希望の種となり、その場所に元気を取り戻すきっかけとなることがあります。そしてそのきっかけは、きっと誰にでもつくることができるものなのです。

第2章

なぜ今、ソーシャルデザインなのか

社会課題を希望へのヒントと捉えなおすこと。
社会の課題と個人や団体のモチベーションを結びつけること。
今、「ソーシャルデザインの視点」を持って
働くことが求められています。

●社会を変えたい、よりよくしたい

いま、働き方や生き方のものさしが大きく変わろうとしています。

たくさんお金を稼いでたくさん消費するほど、幸せになる（はず）、という生き方を目指していた時代から、それとは違う生き方を求め始めているわたしたち。

3・11のあの日から、よりよい社会をつくりたいという機運が高まっています。

わたしたちの前には、さまざまな課題が山のようにあります。もちろんそれは、突然現れたわけではありませんが、21世紀のいま、それぞれが複雑に結びつき、ひもとくのがとても難しくなっています。

しかし一方で、わたしたちは大きな可能性を秘めた海にいるのかもしれません。社会課題を解決するための追い風ともいうべき変化が生まれているからです。

消費スタイルの変化

ひとつは、わたしたちの意識の変化。自分の買い物を、社会をよくすることにつなげていこうと意識する、いわゆる〝ソーシャル消費〟をする人が増えています。同じ金額であれば、寄付などの社会貢献がついた商品を購入する、そんなライフスタイルが定着しつつあります。また、オーガニックの野菜を買うことで有機栽培農家を応援することや、児童労働などの人権侵害や環境破壊をしないでつくった商品を買うことで真面目な企業を応援することは〝エシカル（=倫理的）消費〟と呼ばれ、こちらも大きく市場を拡大しているようです。多くの人が、よりよい社会を希

＊1　Change.org（チェンジ・ドット・オーグ）→196カ国に住む2500万人以上が参加するオンライン・ペティション（petition =陳情請願）サービスです。ユーザーは、さまざまな社会問題の解決のために「キャンペーン」を立ち上げて、ネット上で賛同者を募ります。その声を決定権を持つ人々に伝えていくことにより、政策提言や権利擁護などにつなげるものです。日本でも2012年に「あなたの『変えたい』気持ちを形にする、ソーシャルプラットフォーム」を掲げスタートし、多くのキャンペーンが開始されています。

求し、グリーンな暮らし方にシフトしています。

一般市民の影響力の増大

ソーシャルメディアの定着によって、これまで接点のなかった人たちが出会い、仕事や肩書を離れて関わり合いを持つことでソーシャルアクションへの取り組みも生まれています。たとえばアメリカでスタートした署名サイト「Change.org」[1]では、２５００万人以上のユーザーがソーシャルプロジェクトに参加しています。自分の娘の通う学校のいじめ問題から地域のゴミ問題、政治家の汚職追求までキャンペーンはさまざま。実際に、解決につながった社会課題も増えてきました。

　時間や立場の壁が低くなり、行政やＮＰＯ／ＮＧＯ、メディア、企業、個人や団体がつながり影響し合い、フラット化が進む社会。だからこそ一人の声が大きなムーブメントをつくり出すことができる時代なのです。

企業姿勢の変化

企業の姿勢も変わり始めました。ＣＳＲ[2]（corporate Social Responsibility＝企業の社会的責任）として、企業が市民と協働し価値を創出していこうという動きが活発化しています。従業員が地域の住民やＮＰＯ／ＮＧＯと一緒に社会貢献に取り組むことも多くなってきました。

　また、「経営の神様」といわれた松下幸之助氏が「企業は本業を通じて社会貢献をする。利益とは社会に貢献したことの証しである」と語っている通り、事業やサ

*2 ＣＳＲ→Ｐ40

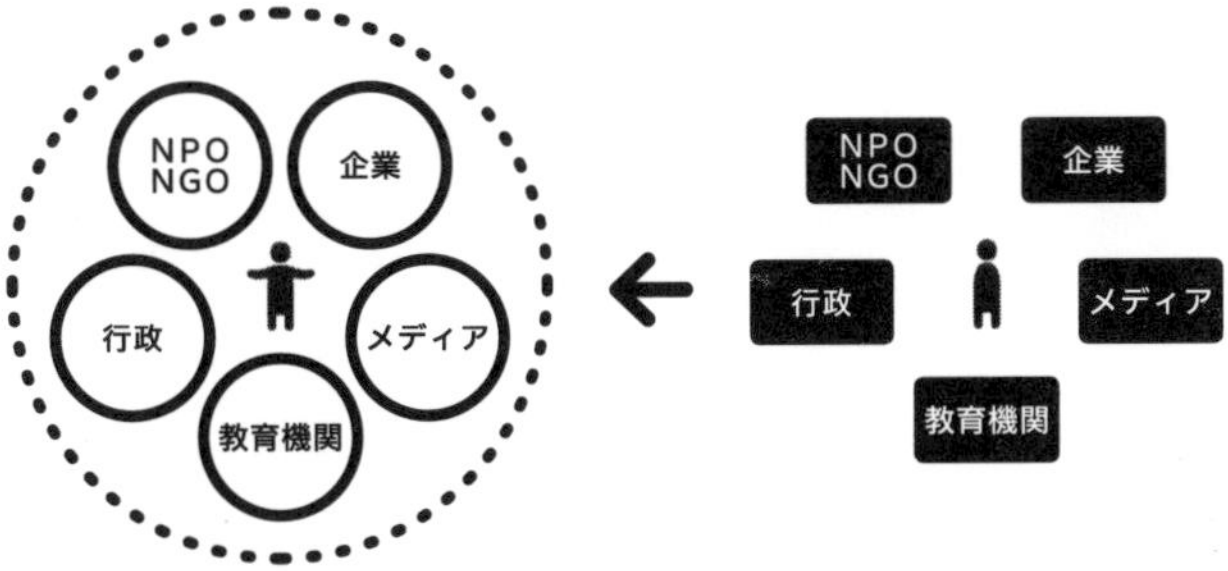

フラット化する社会
時間や立場の壁が低くなり、行政やNPO／NGO、メディア、企業、個人や団体がつながり影響し合う。一人の声が、大きなムーブメントをつくり出せる時代が到来しました。

ービスの提供を通じて社会課題の解決を目指すことが企業活動にとって不可欠である、と考える会社が増えてきています。

●あなただからできるソーシャルプロジェクトを発見しよう

　これらの変化はより強くなり、社会をよりよくしたいというみんなの気持ちは大きくなっていくに違いありません。

　大小ある社会課題＝ソーシャル・イシューを、「希望ある社会へのヒント」と捉えなおすことで解決しようとするあなたを、時代は求めています。そんなポジティブな存在を、わたしたちは「ソーシャルクリエイター」と呼びたいと思います。

　クリエイターというと「モノをつくりだす専門的な職業」というイメージが強いですが、モノをつくらずとも、近隣住民が意見交換できる対話の場をつくったり、人と人をつないで学び合う交流会を開くことも、十分にクリエイティブなことではないでしょうか。

　多くの「ソーシャルクリエイター」たちは、社会をよりよい方向にすすめるプロジェクトに取り組み始めています。

「社会の課題を解決するなんて、一部のすごい人にしかできないでしょう」
「社会をよりよくするなんて、国やＮＰＯの仕事でしょ」
「クリエイターなんて、特別な才能や技術を持った限られた人たちのことだよね」

　なんとなくそんな風に考えてきた人も、きっと少なくないと思います。

＊3　ダイアログ・イン・ザ・ダーク→ヨーロッパを中心に30か国１３０都市で開催され、７００万人が体験するソーシャルエンタテインメントです。日本でも１９９９年から毎年開催され、評判が口コミで広がり、約2万人が暗闇を体験しています。このプロジェクトは、視覚障がい者の疑似体験ではなく、暗闇の中で対話をしたり、感覚を研ぎ澄ませたりすることで、今まで気づかなかった感覚を発見することで視覚障がい者の雇用を超えたムーブメントに成長しています。
www.dialoginthedark.com

でも「こうなったらいいのにな」というふとした気づきや、「なんでこうなんだろう」という社会への疑問からソーシャルなプロジェクトが生まれるのだとしたら。

実は、プロジェクトの多くは、あなたやわたしたちと同じ、「普通の」人たちのシンプルな思いがきっかけとなり、スタートしているのです。

たとえば、視覚障がい者の新しい雇用を創出したことで知られるダイアログ・イン・ザ・ダーク[*3]というプロジェクトがあります。発案者のハイネッケ氏は、ドイツのラジオ局に勤務していました。あるとき彼が教育係を担当することになったのは、事故で失明した若いジャーナリスト。盲目の後輩とコミュニケーションするなかで、ハイネッケ氏は視覚障がい者に対する自分の偏見と、視覚障がい者のもつ文化の魅力に気づき、それを健常者とシェアすべきだと考えて、ダイアログ・イン・ザ・ダークを立ち上げたのです。

「自分の疑問や気づきが、社会を変えることに結びつくかもしれない」

ソーシャルデザインのヒントは、あなたの人生の中にあります。あなたならではの「気づき」や「疑問」が、あなたならではの素敵なアイデアに導いてくれる。あなたのアイデアと社会課題が融合して、社会をよりよくしていくデザイン、ソーシャルデザインが実現します。100の人生と価値観があれば、100のソーシャルデザインがあるのです。

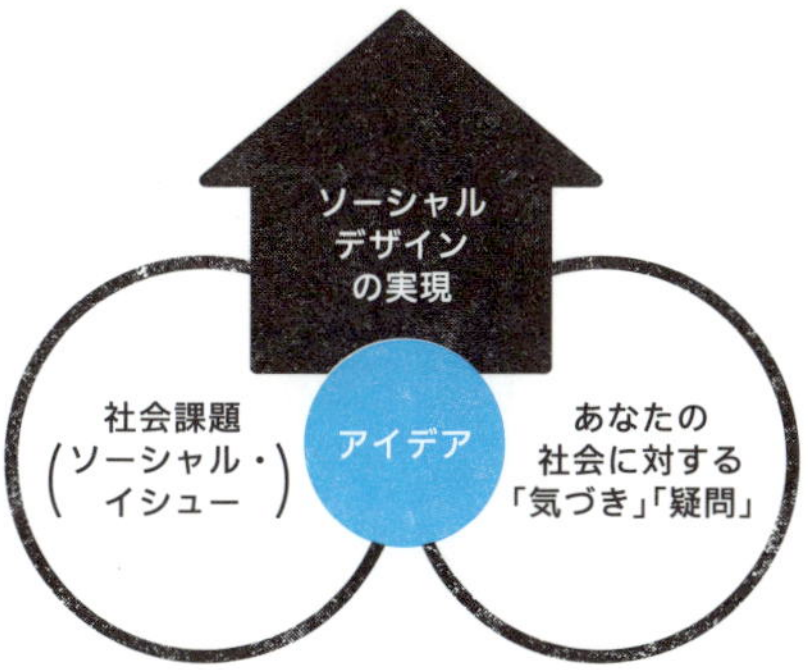

あなたの「気づき」×社会課題
＝ソーシャルデザインのアイデア
あなたの社会に対する「気づき」や「疑問」が、社会課題（ソーシャル・イシュー）が交わったところにアイデアが生まれ、ソーシャルデザインが実現します。

●ソーシャルワークシフト～社会を変えるための働き方

ソーシャルデザインを仕事にするにはいろいろな方法、働き方があります。

1 自分で社会起業したり、NPO／NGOなどの組織を立ち上げる
2 本業を持ちながら、パートタイムでNPO／NGOなどの組織を立ち上げる
3 本業を持ちながら、ボランティアやプロボノ*4として活動する
4 行政やNPO／NGOに就職する
5 企業の社会貢献やCSR、ダイバーシティ*5推進の部門で働く
6 今あなたが働いている職場や立場で、社会課題を意識して働いてみる

1から5までは、今までも働き方として存在していました。これに加え、6というアプローチもあります。たとえば、よりよい社会のために、自分の立場でできることはなんだろうと考えてみることで、普段の仕事の視点を変えてみる。そんなちょっとした気持ちこそが、社会を変える大きなきっかけになるかもしれません。

こうなったらいいのにという「気づき」と、できるかもしれないという「勇気」が、社会の不満や不安を、「希望」へと変える力となっていく。

もし、社会を変えるための働き方をしたいと願っているのなら、あなたの中にあるソーシャルデザインのヒントを早速探しに行きましょう。

＊4　プロボノ→P40
＊5　ダイバーシティ→P114

第3章

誰もが クリエイターに なれる

アイデアと行動力があれば、きっと誰もが
ソーシャルクリエイターになっていけるはず。
実例をもとに、その実態を探ってみます。

ソーシャルプロジェクトを生み出す7つのステップ

身の回りの課題を解決したいと思ったら、どんな行動を起こせばいいでしょう。ここではiPhoneアプリ「Table For Two」の開発を例に、ソーシャルプロジェクトを生み出す7つのステップをひもといてみます。

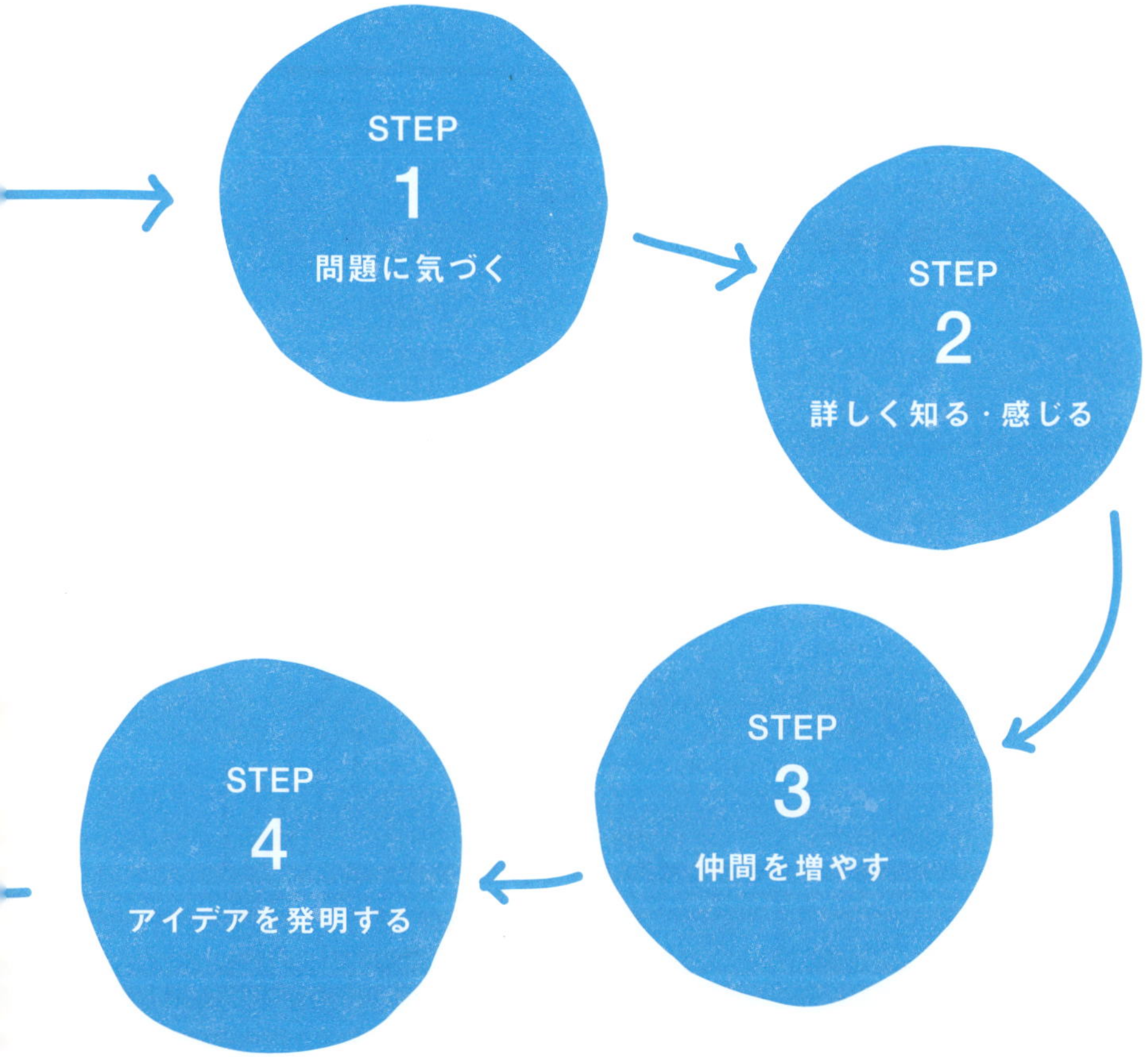

TABLE FOR TWO International

世界の約70億人の人口のうち、10億人が飢えにあえぐ一方で、10億人が肥満など食に起因する生活習慣病に苦しんでいます。この深刻な食の不均衡を解消するため、2007年の秋に日本で「TABLE FOR TWO International（TFT）」が創設されました。食堂やレストランでTFTメニューを食べると、1食あたり20円が寄付され、アフリカの小学校に給食が1食届く、という仕組みです。

iPhoneアプリ「Table For Two」は、食堂やレストラン以外の場所で、誰でも気軽にTFTに参加できるようにするために開発されました。

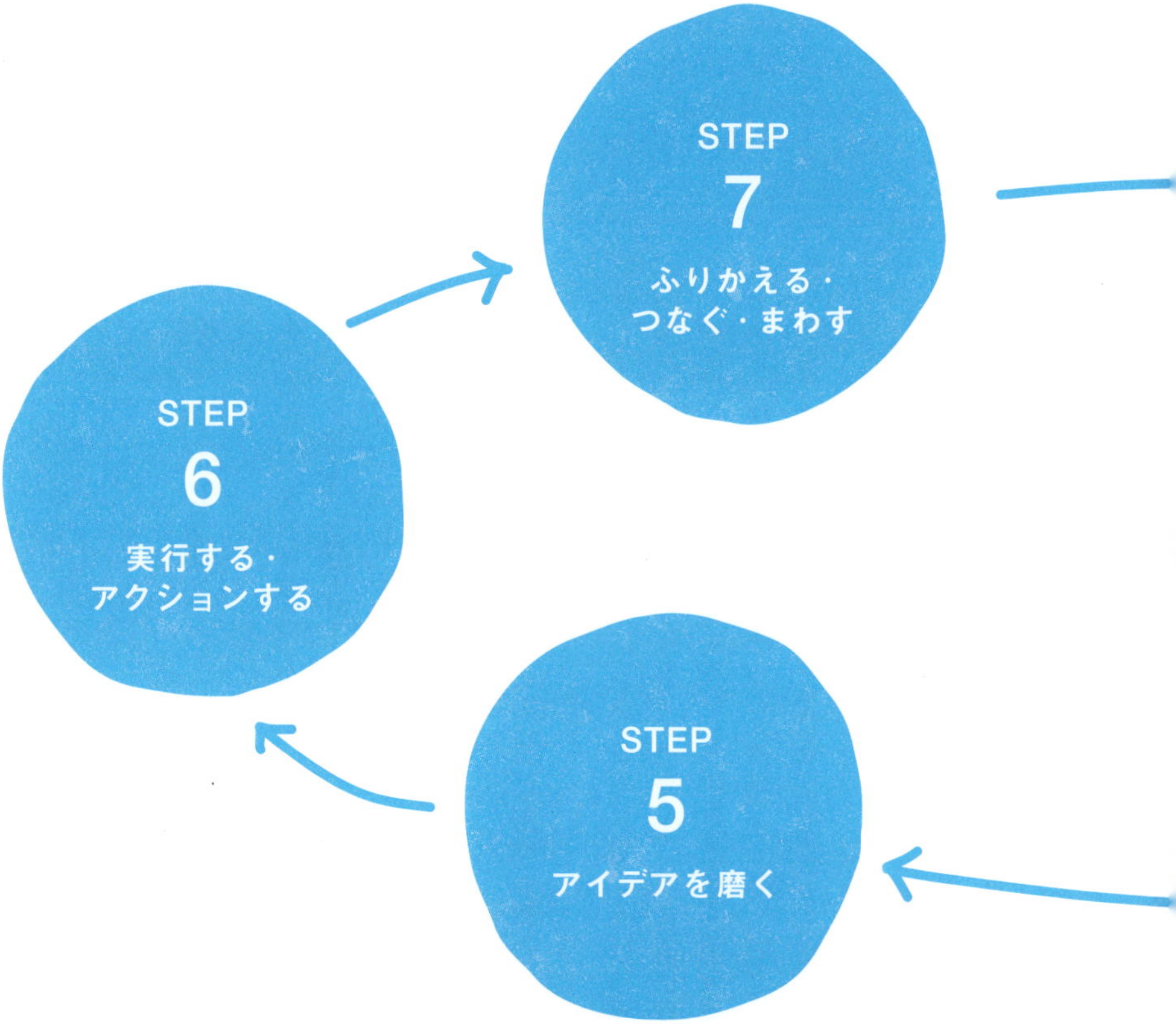

STEP 1 問題に気づく

何気なく街を歩いていて、
ふと心に留まるものはありませんか？
電車の中吊広告、新聞やインターネットからの情報、
何気なく目にした風景…。
ソーシャルデザインのきっかけは、
ふとした「気づき」の中にあります。

ケーススタディ
～TFT iPhoneアプリ開発の場合～

1 問題に気づく

- つねにアンテナを張っておく
- 「どうして?」「理不尽!」「おもしろい!」「なんとなく気になる」などがポイント
- ソーシャルメディア、テレビや新聞、雑誌、ラジオ、書店、普段の会話…
- 「おもしろそう」と思ったらもう一歩踏み込んでみる

例えば最近話題になっている「社会起業」という言葉。広告会社のコピーライターの籠島さんは、社会の課題をビジネスによって解決することを意味するこの言葉が気になっていました。そしてある時、TFT（TABLE FOR TWO International）の代表小暮真久さんの著作に出会います。「先進国の余分なカロリーを減らして、同時に途上国に必要なカロリーを届ける」というTFTのコンセプトに共感した籠島さんは、ちょうど社内で開催された環境社会貢献部主催のTFT勉強会に参加。このプロジェクトを応援することを決意しました。

STEP 2 詳しく知る・感じる

問題の周辺情報を詳しく知ることが、
具体的ニーズを明らかにし、
次のステップにつながるアイデアを開発したり、
仲間を増やす時のヒントとなります。

2 詳しく知る・感じる

- 問題に関する情報を集める
- ネットで、本で、テレビや新聞、雑誌、ラジオで、勉強会で…
- 問題の起きている背景、理由を知る
- 問題が関係する業界（企業など）を知る
- 解決のために活動するＮＰＯ、サービスなどを調べる
- 現地、現場を見に行く
- 問題に関わっている人に話を聞く

70億人が暮らす地球で、飢餓や栄養不足に苦しむ人が10億人。一方で、肥満や生活習慣病に苦しむ人も10億人。このアンバランスを解消するためのアイデアがＴＦＴです。それは、社員食堂でＴＦＴメニューを1食食べると、アフリカの小学校に給食が1食届くというシンプルな仕組み。社員食堂、学生食堂を中心に急速に広まりつつあります。籠島さんは、これまでの寄付とは違うWin-Winな社会貢献の仕組みであることに、あらためて魅力を感じました。

会社のＣＳＲ活動としてＴＦＴの社員食堂への導入が正式に決まると、籠島さんは自ら手を挙げてクリエイティブチームとともに早速社内告知用のポスターを制作。

STEP
3
仲間を増やす

アイデアを実現に結びつけるには、
どんな人たちの協力を得ればいいでしょうか。
想いを共有し、普段の仕事上の関係を超えた
フラットな仲間を集めましょう。

さらに、より大きな展開の可能性を探るために、ＴＦＴの小暮さんに話を聞きに行きました。すると、社内食堂や学生食堂のような場所と接点のない人たちへのリーチが、ＴＦＴの課題のひとつであることが分かりました。

③ 仲間を増やす

- 社内で話してみる
- 知人、友人に話してみる
- 勉強会に参加してみる
- 関連するＮＰＯを当たってみる
- 関連する業界の企業を当たってみる

ニーズに答える解決策を求めて、籠島さんは、アイデアを考え続けました。「例えば携帯アプリのように、誰もが日常的に手にしているものと関連づけたらいいかもしれない。でも、アプリの開発なんて分からないし…」。ある日、とあるＮＰＯのセミナーで、籠島さんは以前仕事をしたことのあるアプリ開発エンジニアと偶然再会しました。社会課題の解決に関心があって、プライベートでこの会合にきていたというのです。「もしかして、この人なら共感してくれるかもしれない」。漠然と抱えて

STEP 4

アイデアを発明する

既存のアイデアを生かす、
ゴールから逆算するなど方法はさまざま。
何よりも、継続していける素敵なアイデアが
出るまで考え続けることも大事です。

＊第４章では、国内外のさまざまな35の
アイデアを紹介しています。（→P.41）

いたアプリ開発のアイデアについて相談すると、なんと「それはぜひ協力したいから、ボランティアで応援するよ」という返事が。

　ＴＦＴ事務局、環境社会貢献部のメンバーも含め、会社を超えたチームが生まれました。

4 アイデアを発明する

- 仲間とブレストする
- いろいろなソーシャルデザインの事例を参考にする
- 既にあるアイデアを下敷きにするのもあり
- 小さく生んで大きく育てるのもあり
- ゴールから逆算するのも有効
- やってみたいアイデアができるまで、あきらめない

　チームは、アプリ開発について試行錯誤し、何度もブレストを重ねました。「携帯で食べ物の写真を撮る人って多いよね」「だったら、それを寄付に結びつける仕組みを考えてみよう！」。自由に意見を交換する中で、企画の方向性が明らかになってきました。「そういえば、写真からカロリーが分かるというアプリがあると聞いたことがある」。ネットで調べると東大発のベンチャーfoo.log

STEP 5 アイデアを磨く

いいアイデアをいいプロジェクトに
育てるには、事業としてのストーリーを描き、
構想を具体化させることが必要です。メンバーが
得意分野を持ち寄り、外部の多くの人たちに
働きかけ、さまざまな角度から検証しましょう。

＊「ソーシャルなプロジェクトの、お金の話」では、
資金調達に関するまめ知識を紹介しています。（→P.30）

（フー・ドット・ログ）がその技術を持っていることが分かりました。「ダメもとで、相談してみよう」。

話を聞いてみると、フー・ドット・ログとしては、アプリの精度をあげるために食品写真のデータベースを充実させたいと考えていることが分かりました。だったらTFTアプリを使って集めた写真データを研究開発のために活用してもらえば、お互いにとってメリットになる。そこで、フー・ドット・ログ、あわせてデザインを担当するプロダクションもメンバーに加わりました。

5 アイデアを磨く

- アイデアをできるかぎり具体的にする
- 必要となるものを明らかにしていく（ヒト、モノ、カネなど）
- 必要に応じて仲間を増やす（人、企業、NPO、教育機関…）
- 検証すべきことをリストアップしてつぶしていく
- みんなハッピーか（嫌な思いをする人はいないか）？
- 法律、商標、著作権…は問題ないか？
- ランニングコスト、マンパワーなど、持続可能か？

STEP 6

実行する・アクションする

プロジェクトを成功させるためには、
いつ、どこで、誰が、どのように
スタートさせるのがベストか。予想外のことが
起こることもよくあります。みんなに知ってもらうための
アイデアを考えることも、また大切なことです。

「毎日の食事の写真をスマートフォンでアップするだけで、カロリーと栄養バランスを自動解析する。さらに、アフリカの子どもたちに学校教育が寄付される」。アプリの大まかなアイデアは生まれました。あとはこの仕組みを実現する道筋をたてることができれば…。「ユーザーに寄付を負担してもらうって無理があるよね」「自分だったら使わないな」「クリック募金って、ユーザーの負担はないよね」「どういう仕組みになっているんだろう?」

　事業化という課題を前に、「クリック募金の仕組みの活用」「スポンサー企業の獲得」「適切な寄付金額の設定」など具体的なマネタイズの仕組みも含め、事業プランの開発とアプリの開発は、同時に進んでいきました。

6 実行する・アクションする

- プレスリリースなどで、取材を呼び込む
- 積極的に取材に対応する
- 話題になりやすいタイミングに合わせる
- ソーシャルメディアで発表し、参加を呼びかける
- あわせて勉強会、シンポジウムなどを開催する
- 映像や写真などで記録を残す

STEP

7

ふりかえる・つなぐ・まわす

プロジェクトとともに成長してきたチームは、
ここで新たな課題に気がつくはずです。
プロジェクトの目的、それは社会の課題を解決すること。
その大きな課題の解決に向けて、チャレンジの道は
果てしなく続きます。

- 実行してみて気づいた修正点にすぐに対応する
- 賞などに応募する

アプリ公開のニュースは、プレスリリースやメディアへの告知などさまざまなルートから行われました。情報を知ったファンの人たちからは絶賛の声が寄せられました。また、テレビで取り上げてもらえたことによって、一般の人たちの間でも話題になり、たくさんのダウンロードが得られました。そして何より、アプリ開発の目的であった「これまでＴＦＴがアプローチできていなかった人たちがＴＦＴの活動を知り、応援してくれること」につながったことが、嬉しい手応えでした。

さらに、より多くの人たちの目に留まるように、広告賞やグッドデザイン賞にも応募、受賞したことで、メディアにさらに取り上げてもらうことにつながりました。

7 ふりかえる・つなぐ・まわす

- 参加者の声をあつめる
- 結果、効果などを評価する
- ＳＮＳなどでふりかえり、継続的な参加を呼びかける
- 写真や実績となる数字、その他を映像にまとめ、サイ

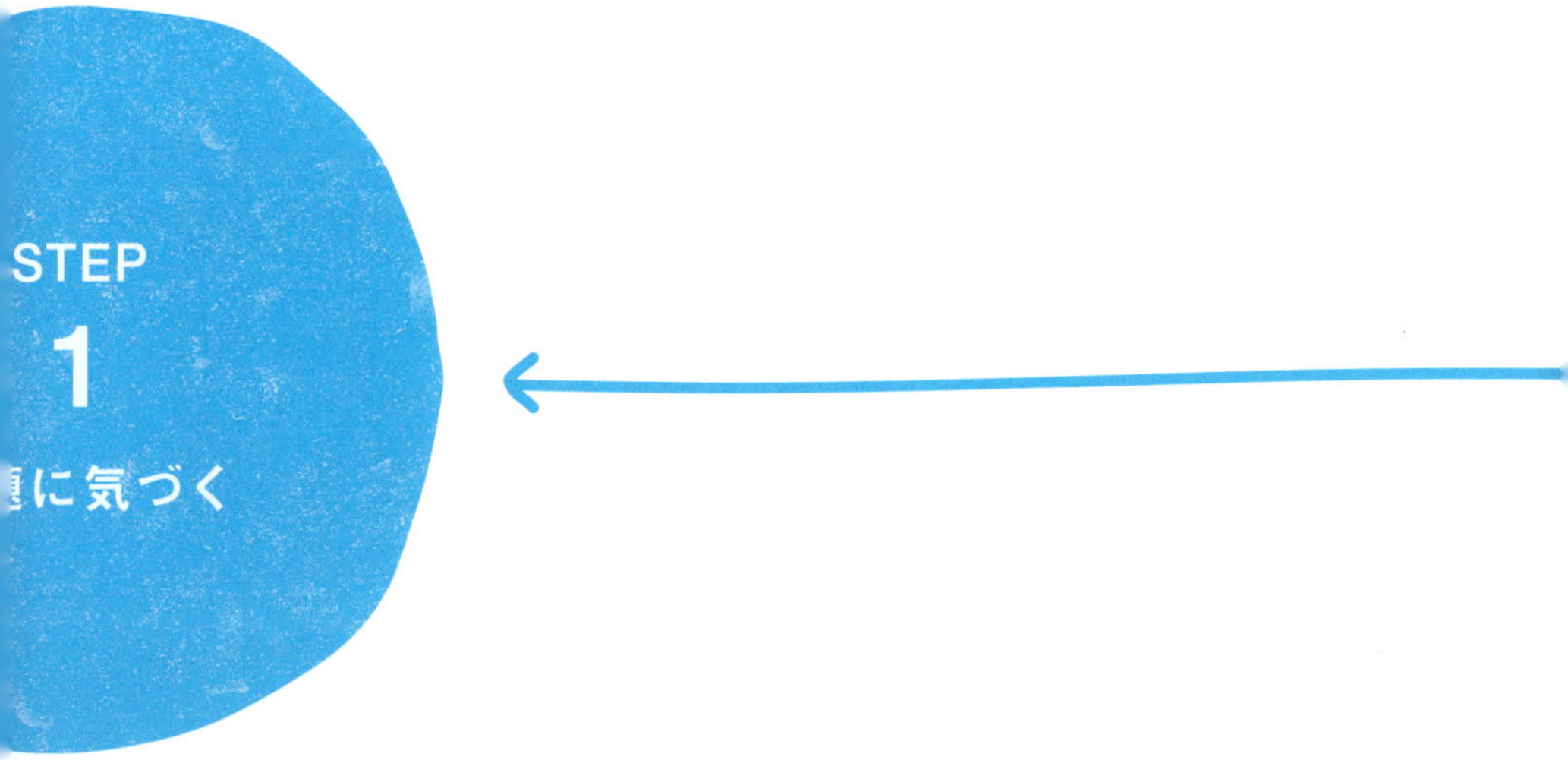

トにアップする

- それを使ってＰＲし、協力してくれる企業、ＮＰＯなどを増やす
- バージョンアップにむけてスタートする
- 新たな課題を設定する

ＴＦＴはいま積極的に海外展開を進めており、そのプログラムは日本以外にも９の国や地域で実施されています。ＴＦＴアプリの英語版の制作やアプリのバージョンアップなど、着手したいことは次から次へと出てくる中、課題となるのは予算の確保と持続可能な運営です。

ＴＦＴアプリが話題になったとはいえ、籠島さんの会社にも、まだＴＦＴのことをよく知らない人や、メニューをほとんど食べたことのない人もたくさんいます。彼らにＴＦＴを知ってもらい、参加してもらうために、籠島さんたちはＴＦＴを紹介するＣＭをつくり、他企業にも無償で提供するなどしながら、今も地道にプロジェクトの継続に携わっています。

助成金を得る

ある程度継続的に活動しようとする団体の場合、助成金を得るのも有効です。助成金にもさまざまな種類があるので、活動に親和性のあるものを選び、積極的に応募してみては。ただし、助成金はあくまで「助成」で、自立を支援するためのものです。そもそも選考がありますし、倍率も高い場合がほとんど。やや不安定な収入源かもしれません。

ソーシャルなプロジェクトの、お金の話

せっかくいいアイデアなのに、うまく回らないのはなぜだろう？
それは、お金がうまく回っていないからではありませんか。
プロジェクトを持続可能にするために知っておきたい資金調達の話。
特定の財源に依存しないで、いくつかの方法を組み合わせて、
バランスのよい財源を心がけるのがおすすめです。ここに挙げた他にも、
融資を受ける、事業を受託する、などの方法もあります。

クラウドファンディング

いま注目されている、新しい資金調達の方法。代表格といわれる「kickstarter」は2009年4月にサービスを開始。日本でも「CAMPFIRE」や「READYFOR?」など多くのサイトが成長を続けています。自分のアイデアやプロジェクトをウェブ上でプレゼンテーションして、不特定多数のユーザーから資金調達。類似に、ユーザーからの投資というかたちで資金を集めるオンラインのサービスなどもあります。

寄付を集める

クレジットカードや銀行引き落としで毎月一定額の寄付を集める、というやり方は、多くの NPO が採用しています。資金面から市民活動を応援するために2011年に税制が変わり、認定 NPO 法人への寄付については、確定申告すれば約半額が税の控除を受けられるようになりました。

事業化する

商品を販売したり、サービスを提供したりして事業収入を得る方法です。NPO が非営利で運営する場合もあれば、ソーシャルビジネスとして利益を認める場合もあります。

支援者を見つける

あなた個人、またはそのアイデアを見込んで寄付や事業への協力金を出してくれる人を探す手もあります。支援者との関係によっては収入が不安定になる、というリスクもあります。

協賛を得る

イベントなどを開催する場合に資金を得る一般的な方法として、企業（団体）の協賛を募る、という方法があります。また、企業の CSR 活動と協働して収入を得るという方法も協賛の一種といえるかもしれませんが、企業（団体）と問題意識を共有しながら、お互い win-win の関係がつくれることが前提となります。

参加費を集める

同じく、イベントなどを開催する場合、参加者から参加費を集める、という方法もあります。どのくらいの金額が妥当か、応募者のうち実際の参加者はどれくらいか、インセンティブをどうするか、など経験値が求められます。

ソーシャルデザイン力
チェックリスト

3 協働力
（仲間を増やす）

- □ **共有するのが好き**
  自分の考えやアイデアを企画書にまとめ、他の人たちと共有する。
- □ **派閥をつくらない**
  仕事やプライベートの枠組みを超えた発想を持ち、周囲を見渡してみる。
- □ **友達が多い**
  周囲の人たちを巻き込んで、いつの間にか仲間にしていく。

4 構想力
（アイデアを発明する）

- □ **発想力に自信がある**
  ブレストや気分転換を行いながら、いろいろな視点から検討してみる。
- □ **言葉を考えるのが好き**
  キャッチコピーを考え、心に届く言葉で表現する。
- □ **ミステリーを解くのが好き**
  これまで誰にも気づかれていなかったポイントを発見する。

6 実行力
（実行する・アクションする）

- □ **粘り強い**
  初心を忘れず、情熱と忍耐力を持って取り組み続ける。
- □ **参加のハードルを下げる**
  参加したい人たちが気軽に関われるしかけを用意する。
- □ **新しい流れをつくる**
  広報やメディアを通じて多くの人に伝えて、大きく発展させる。

7 継続力
（ふりかえる・つなぐ・まわす）

- □ **成果を可視化する**
  活動成果を可視化し、報告書にまとめる。
- □ **持続可能な仕組みをつくる**
  活動を継続させるために必要なヒト・モノ・カネを維持する。
- □ **長期的展望を持つ**
  プロジェクトが将来に及ぼす影響や役割を共有し、計画を改善していく。

あなたには
こんなところ、ありますか？

ソーシャルデザインの現場では、
一体どんなチカラが発揮されているのでしょうか。
チェックリストを使って、自分の個性をふりかえってみましょう。
もしかしたら、眠らせている才能に気づくかも？

1 感知力
（問題に気づく）

- [ ] **好奇心が旺盛である**
  常にアンテナを張り、多方面から情報収集を行う。
- [ ] **自分の長所を知っている**
  好きなこと、詳しいこと、スキルなど、自分のよいところを知っている。
- [ ] **気持ちに素直である**
  自分が人生で大切にしたい価値観や守りたいものに正直である。

2 理解力
（詳しく知る・感じる）

- [ ] **視野が広い**
  自分の周辺から地域、社会へと視野を広げ、ものごとを俯瞰的に捉える。
- [ ] **裏付け情報を調査する**
  客観的情報を集め、なぜ・どんな活動が必要なのか明確にする。
- [ ] **できることを知っている**
  仕事やプライベートの中でどんな可能性とつながっているかを理解している。

5 改善力
（アイデアを磨く）

- [ ] **Win-Win の構想をつくれる**
  関わる人たちみんなが参加することに価値を見いだすストーリーを構築する。
- [ ] **感情に働きかける**
  喜び、楽しさ、充実感など、人が心を動かすポイントに働きかける。
- [ ] **人脈を活用する**
  経験者や自分の知らない領域に詳しい人たちとつながり、知恵を借りる。

あなたはいくつ、当てはまりましたか？
次ページからは、それぞれの個性を
いかしてプロジェクトを始めた
3人の例をご紹介します。

化学の「カードゲーム」で世界をつなぐ中学生

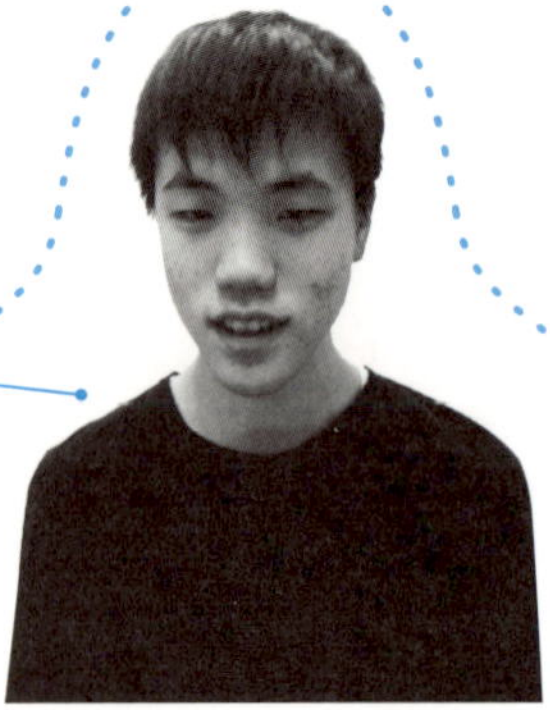

米山維《ゆい》斗《と》さん

1999年生まれ神奈川県相模原市在住、都内の国立大学付属中学校一年生。小学３年で英検２級取得。現在は中学校の鉄道研究部にて、京王電鉄に熱中。

分子構造の面白さを共有したい

幼稚園で英語を学んだため、アルファベットには慣れていて、パソコンのキーボードの使い方はすぐに覚えました。父からインターネットの使い方を教わり、幼稚園児の頃には、海外のサイトも見ていました。アメリカの教育系のサイトには、学べるゲームがあって、夢中になっていました。

両親も、科学雑誌『ニュートン』や『チャート式化学』などを欲しいと言ったら「難しいから」と言わずに、買ってくれたので、興味はどんどん深まりました。たぶん、僕が「読むべき本」を親から押し付けられていたら、ここまで化学への知識は深まらなかったと思います。両親が、僕の関心のおもむくまま、本や雑誌を買ってくれたことは大きかったです。

小学3年の頃には、分子構造に興味を持ちました。立体的な分子構造を見ることができるアプリケーションは、とても面白く、夢中で見ていました。その当時、友達がカードゲームを作って楽しんでいたので、自分で、カードゲームを作りました。そして、そのゲームに化学結合を取り入れれば面白さを分かち合える仲間を増やせると思いました。

そうしてできたのが「ケミストリークエスト」です。たとえば、「H」2つと「O」を組み合わせれば「H_2O」（水）になります。相手と原子のカードを並べて、どちらがより多くの分子を獲得できるかを競うわけです。色と数さえ分かれば、難しく考えなくても、幼稚園児にもできるゲームです。

まずは、母にゲームを試してもらいました。ただ、母には、化学の基礎知識がないから、分からない。そこで、「ヒントの書」をつけることにしました。また、3歳年下の弟にもゲームを試してもらって、ルール作りの参考にしました。とに

- 好奇心が旺盛である
- ミステリーを解くのが好き
- 共有するのが好き
- 参加のハードルを下げる
- 新しい流れをつくる

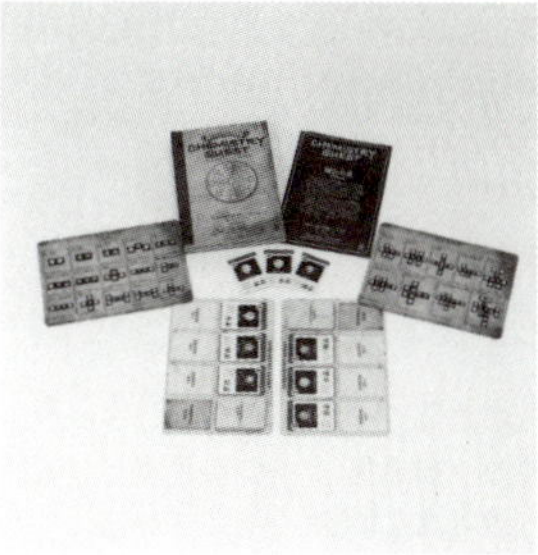

世界中の子どもたちが楽しめる化学カードゲーム「ケミストリークエスト」。小学3年の時につくり、小学6年の時に商品化し、小学生社長に。今ではiPhoneアプリも世界中に配信中。

かく、誰でも楽しめるようなゲームにしたかったのです。そこで学校に持っていくと、みんな面白がってくれて、「ゲーム仲間」が増えました。

世界中の子どもをゲームでつなぐ

小学5年の時に、「東京国際科学フェスティバル」でこのカードを出展したところ、同世代の子どもたちが面白がってくれましたし、大学関係者の方も興味を持ってくれました。大人の研究者の人たちとのつながりが生まれ、とても世界が広がりました。この時に、もっと多くの人に、このゲームを知ってもらいたいと思ったのです。

そこで父が、知人で科学系の教育の会社を経営している方に、相談してくれました。そうすると、これは「商品化できる！」と。そこから、商品開発が始まりました。そして小学6年の時に「ケミストリークエスト」が世に送り出されました。この際に、会社を立ち上げ、社長にもなりました。

2012年の夏には、シンガポールの科学フェスティバルに招待されたので、初めて海外の子どもたちにもゲームを試してもらったところ、とても面白がってくれました。元素記号はアルファベットで世界共通です。だから、世界中の子どもたちが、このゲームでつながってもらいたいと思いました。そこで、携帯アプリ作成キャンプに参加しノウハウを学び、iPhoneアプリを自分で開発し、現在、国内外で3300件程度ダウンロードされています。

このゲームを通じて、大人の科学者とのつながり、あるいは外国の人とも触れ合いました。僕の夢は、このゲームで世界大会を開いて、世界中の人たちと同じ興味を共有し、仲間を増やしていくことです。

スイーツ好きの主婦が NPO をつくったら…

樽井雅美さん

奈良県生駒市在住。スイーツコーディネーターや奈良県ストップ温暖化推進員、NPO の理事として活躍中。親子向け環境講座なども手がけている。

お菓子で幸せのお裾分け

環境ＮＰＯの代表になった元々のきっかけは、大のスイーツ好きだったことです。お菓子好きが高じて、食べ歩きや作り手の取材で知ったことを趣味でブログに書いているうちに、いつの間にか月間１７０万アクセスを超えるサイトになっていました。各所から、お菓子ライターとしてのお仕事や取材の依頼が来るようになったんです。

お菓子を食べる時間は、幸せな時間です。「その幸せを誰かにお裾分けしたい！」と思い、オリジナルの寄付付きプリンカップを作って、販売しようと考えました。その時ふと、お菓子の容器はどう処理されているのか気になったのです。市役所に問い合わせてみると「陶磁器は不燃ごみとして埋め立てられます」という返事。それならもし私が新たにプリンカップを開発しても、無駄なゴミを増やすだけです。

プリンカップを再生する方法はないかと寝る間も惜しんで調べ、岐阜県セラミックス研究所が中心となった「グリーンライフ21プロジェクト」に使用済みの陶磁器をリサイクルする技術とネットワークがあることが分かりました。そこですぐさまこの研究所を訪れ、協力をお願いしたところ、想いに共感してくださり、ご快諾いただきました。

廃陶器が「もったいない」

リサイクルを始めるには、自分が食べた容器だけでは数が少な過ぎると思い、自宅の前に「回収箱」を設け、近隣の方々に不要になった陶磁器を入れてもらいました。すると4カ月の間に、４００キロもの廃陶器が集まりました。これほどの量を自宅の奈良県生駒市から岐阜まで送るには、輸送費がかさみます。そこで

- ✓ 気持ちに素直である
- ✓ 裏付け情報を調査する
- ✓ 発想力に自信がある
- ✓ 粘り強い
- ✓ 持続可能な仕組みをつくる

「もったいない陶器市」の様子。ワンディッシュエイド協会の活動は陶磁器の循環系社会の構築を目指した取り組みとして、2010年環境省の「容器包装3R推進環境大臣賞」優秀賞を受賞した。

考えたのが、「もったいない陶器市」です。

まず、欲しい人にと自宅前にまだ使える陶磁器を並べてみたところ、140キロ分以上の陶磁器を持ち帰ってもらえました。輸送費を調達するために、カンパ箱を置いたところ、1万円ほどが集まりました。町内の集会でもカンパを募り、集まったお金を使って、残った陶磁器を自家用車で岐阜まで運びました。

それからは、ボーイスカウトのバザーや市主催のフリーマーケットなど、「もったいない陶器市」の場をどんどん広げていきました。また、近所のスーパーの店頭を貸りて「毎月10日は陶器の日」として、定期的に陶器市を開催できるようにもなりました。2006年から近所のママさんたちと一緒にスタートした取り組みをさらに発展させるため08年には「日本ワンディッシュエイド協会」というNPOを設立してその代表になりました。

スイーツを超えた幸せの循環に

活動が話題を呼び、NHKで全国報道されました。そのことがきっかけで生駒市役所の環境担当責任者の方と出会い、市の新しい事業として、来年度から予算をつけてもらえることも決まりました。

この事業によって、今まで自宅に山積みにされていた陶磁器は、市の清掃センターに集積され、生駒市の北と南にあるコミュニティセンターでも「もったいない陶器市」が開催されるようになりました。西日本初の行政事業ということでNHKが特集を組み、今では兵庫県加古川市や京都市、大阪府河内長野市など関西各地に、この事業は広がりました。

現在は食器以外の陶磁器のリサイクル利用まで活動が発展してきています。今後は「生駒モデル」の伝道師として、日本各地でノウハウを共有し、陶磁器のリサイクルをさらに促進していきたいです。

ヴァイオリン・ドクターが被災地のがれきを楽器に

Photo：Bernard Morales

中澤宗幸さん

兵庫県出身。ヨーロッパでヴァイオリンのつくり方や修復の技術を本格的に学び、名器の修復や鑑定、世界中のオーケストラや演奏家の楽器の調整も手がける。

がれきには記憶が刻まれている

２０１１年3月11日。私は東日本大震災の報道を見ながら何もできない無力さを感じていました。そんなある日、テレビで、被災地のがれきの処理が問題になっているという報道を目にしました。その時ふと、「あのがれきの山にある木で、ヴァイオリンが作れないだろうか……」と思ったのです。童謡に「ちまき食べ食べ兄さんが、測ってくれた背の丈」という唄がありますが、がれきと呼ばれるものには、その唄にあるように、背の丈を刻んだ柱や暮らしていた人たちの記憶がたくさん刻まれているはずだと考えると、胸にぐっと迫るものがありました。

中世ヨーロッパでは、良質なヴァイオリンの木材は海を渡って運ばれていました。ヴァイオリンは、塩水に浸かった木からも作ることができるのです。私は、知り合いから木の専門家を紹介してもらい、11年12月にその方と陸前高田市まで足を運びました。

あちらこちらのがれきの山を見ている中で、松と楓らしき、ヴァイオリンに最適の木を見つけ出すことができました。

被災地と世界をつなぐ音色

「震災は世界中の至る所で起こりうる」という気持ちから、ヴァイオリンは、世界を回るためのものも含め、合計3台作りました。この震災ヴァイオリンの目的は、このヴァイオリンが東日本大震災のがれきから作られたということを伝え、震災を忘れないように何百年も語り継がれるものとなることです。そこで、手に持った方が、だれでも「あぁ、『震災ヴァイオリン』だ」と分かってくれるように、ヴァイオリン自体が、震災の記憶として残るよう、陸前高田市の海岸に一本だけ生き残った「奇跡の一本松*」のイ

- 自分の長所を知っている
- 視野が広い
- できることを知っている
- 感情に働きかける
- 長期的展望を持つ

提供：命をつなぐ木魂の会

ストラディバリウスなど世界最高峰の名器を数多く手がけてきた中澤さん。ペインティングは音色には良くないが震災ヴァイオリンでは音色より想いを重視し、陸前高田「奇跡の一本松」をデザインした。

ラストを添えることにしました。

この「震災ヴァイオリン」を作るに当たって、私の友人・知人で「命をつなぐ木魂（こだま）の会」を作り、「千の音色でつなぐ絆」プロジェクトを立ち上げました。すると、制作当初から、口づてに演奏家の方々に話が伝わり、「ヴァイオリンが完成したら、ぜひとも演奏させてほしい」というお話を数多くいただくようになりました。記念すべき最初の演奏は、震災から1年経った12年3月11日、世界的に有名なイヴリー・ギトリス氏による陸前高田市の合同慰霊祭での「献奏」でした。その後も、さまざまな演奏家に弾いていただいています。

魂の音色を400年先の未来へ

演奏の際には、必ず、「震災ヴァイオリン」について、その由来を話していただくようにお願いしています。

ヴァイオリンというのは、400年も500年も生き続けるものです。このヴァイオリンにも、それだけの長い期間、震災の記憶を語り継いでいってほしいと願っています。

今、「震災ヴァイオリン」は、国内外を順次回っていますが、海外の各地や、在外二世の方々からも大きな反響を戴いています。人生には、忘れなければ次のステップに進めないこと、忘れてはいけないことの両方があります。このヴァイオリンとの出会いが自然への畏怖を見いだし、科学の力を持ってしても人間には越えられないものがあるのだということが、伝承される機会になればいいと思います。「震災ヴァイオリン」が、国内外のさまざまな演奏家の手に渡り、何百年も震災を語り継ぐものとなってくれることを願っています。

＊その後「奇跡の一本松」は枯れましたが保存されることが決まっています。

キーワード 1

【プロボノ】

「公共善のために」を意味するラテン語が語源。自分の持っているプロのスキルをボランティアに役立てることを示す言葉だけれど、もともとは「弁護士が無償で公共活動を行なった」というストーリーからきているとは、なんともホノボノとしたお話。

【ソーシャル消費】

買い物を、社会のいいコトにも結びつけること。つくっている人も、買う人も、両方がハッピーになって、おまけに地球環境にも配慮したものを選ぶこと。公共性や倫理性に着目した、フェアトレードとかエシカルという言葉も知られています。モノ（Goods）を買う時代から、いいもの（Goods）を買う時代に、消費も進化しているんです。

【三方よし】

「売り手よし」「買い手よし」「世間よし」の３つの「良し」が三方よし。江戸時代から近江商人が大切にしてきた理念なんだそうな。ん？　これって、元祖ソーシャル消費？

【CSR（Corporate Social Responsibility：企業の社会的責任）】
【CSV（Creating Shared Value：共通価値の創造）】

企業がビジネスをやっていけるのは、豊かな自然環境があって、社会もちゃんとしていて、商品やサービスを買ってくれるお客さんがいるから。そのどれもがピンチに立たされているなんて、そりゃ、大変！　本気を出してみんなにとっての価値を創造しなきゃと提唱されたのがCSVという考え方。社会責任を果たす（CSR）というところから、どんどん進化しているのです。ピンチはチャンス。企業が変われば、社会も変わる。

第4章

ソーシャルデザイン35のアイデア

ソーシャルなデザインの視点にはどのようなものがあるのでしょう。国内外の35の事例から、そのアイデアをひも解きます。

ビジュアルにする

1 シンボルカラーを使う
2 シンボルマークをつくる
3 キャラクター化する
4 ワンビジュアルにする
5 フリー＆シェアする

○○の力を活用する

6 学生の力を借りる
7 伝統の力を借りる
8 セレブリティの力を借りる
9 テクノロジーを活用する
10 共通の記憶を活用する

あなたの課題、どの視点で解く？

スポットを当てる

11 記念日をつくる
12 アワードをつくる
13 スターをつくる
14 スローガンにする
15 公募する

コンテンツをつくる

16 祭りをつくる
17 曲をつくる
18 映画をつくる
19 絵本をつくる
20 ダンスにする

新しい価値をつくる

21 遊べるものにする
22 ファッションにする
23 公開する
24 五感に訴える
25 非常識な使い方をする

発想をジャンプさせる

26 強制する
27 ドッキリを仕掛ける
28 皮肉な計らいをする
29 逆転させる
30 置き換える

これから紹介する事例には、とても大きな社会課題を解決したものもあります。でも、そのアイデアに注目してみれば、あなたが解決したいちょっとした気づきにも応用できるものばかり。基本の７つの視点は、組み合わせればいろいろなアイデアにつながっていきます。

仕組みをデザインする

31 有料化する
32 集合させる
33 社会貢献の仕組みにのせる
34 習慣化する
35 ワンアクションを提案する

シンボルカラーを使う　1

プロダクト（RED）

IDEA　BACKGROUND

さまざまな企業が（PRODUCT）REDという共通ブランドの商品を開発・販売。その収益の一部が世界基金に寄付される。

背景と課題

発展途上国からエイズを撲滅するには？

世界では毎日900人の赤ちゃんがエイズ（HIV陽性）で生まれてきます。薬が高くて買えない、貧困層の人々に医療を届けるにはどうしたらいいのでしょうか。

アイデア

さまざまなブランドをREDでつなぐ

プロダクト（RED）とは、グローバル企業が、（PRODUCT）REDという共通ブランドの商品を開発・販売し、その収益の一部を世界エイズ・結核・マラリア対策基金（世界基金）に寄付することによって、アフリカのエイズ・プログラム支援に充てる寄付の仕組みです。発起人はロックバンドU2のボノと、国際NGOであるDATAのボビー・シュライバー。企業が単に慈善事業に参加すると

☑：課題　👤：解決した人

☑ **途上国支援**

👤 **企業**

RESULTS

$ 180000000

12月1日には、アップルストアの光るロゴが赤く彩られ、
世界エイズデーをアピールした。

いったものではなく、自社の持つブランド企画力とマーケティングやネットワーク力を活用し、企業と世界基金の両方に利益がある持続的な関係を生み出していく取り組みです。これまでに、ナイキ、スターバックス、デル、アップル、エンポリオ アルマーニ、ギャップ、コンバース、アメリカンエキスプレスなど他にもたくさんのグローバル企業がパートナーとして参加し、その商品は米国、欧州、日本など世界60カ国で販売されています。集められた資金は、管理費を差し引かれることなく100％の金額が世界基金に送られています。

結果

企業、ユーザーとアフリカのWin-Win-Win

2011年12月現在、約1億8000万ドルが世界基金に寄付され、ルワンダ、スワジランド、ガーナ、レソト、南アフリカ、ザンビアで750万人が支援を受けています。

シンボルマークをつくる　2
ピンクリボン運動

IDEA　BACKGROUND

ピンクリボンは乳がんの早期発見・
早期診断・早期治療の大切さを
伝えるシンボルマークです。

“ピンクリボン”を旗印として、乳がん早期発見・早期治療のための草の根運動が行われている。上は、ピンクリボンフェスティバル（日本対がん協会など主催）のマーク。

背景と課題

乳がんの検診率をあげたい

日本では、女性の15人に1人が乳がんになるといわれています。30代から60代の女性のがん死亡原因の第1位は乳がんであり、亡くなる女性の数は年々増加しています。乳がんはごく早期に発見することができればその95%は治すことができるともいわれていますが、乳がん検診の受診率が低く（わずか約10%）、気づいたときには進行していたケースが多いのが現状です。

アイデア

シンボルマークを掲げて力を合わせる

ピンクリボンは、アメリカでスタートした、乳がん啓発運動のシンボルマークです。行政、市民団体、企業などがイベントを開催したり、ピンクリボンをあしらった商品を販売して収益を研究団体に寄付したりするなどの活動をしています。

乳がん撲滅

企業

RESULTS

photo：日本対がん協会

さまざまなランドマークのライトアップやフラッグを掲出、
スマイルウオークなどイベントも開催した
「ピンクリボンフェスティバル2012」。

10月第3週の金曜日を「ナショナル・マンモグラフィ・デイ」として制定、女性が無料で検診を受けることができるようになりました。日本では、2000年10月に東京タワーがピンク色にライトアップされたことがきっかけとなり、一般的に認知されるようになってきました。その後、さまざまな企業が協賛したり、市民団体が立ち上げられたりするなど、日本のピンクリボン運動は年々盛んになっています。

結果

アメリカでは死亡率が低下

アメリカでは、この運動が市民や政府の意識を変え、90年代以降検診率が高まり乳がんによる死亡率が低下してきています。日本対がん協会では、乳がんに関するシンポジウムやスマイルウオークなどのイベントを開催。日本全国のNPOと連携しながら、乳がんへの知識を深め、検診への意識を高めるために活動しています。

キャラクター化する 3

夕張夫妻

IDEA

© SUNWEST

「負債」にちなんだキャラクター「夕張夫妻」を開発。
夕張父さんと夕張まっ母さん。夫婦円満が自慢。

BACKGROUND

背景と課題

財政破綻した夕張市

北海道夕張市。古くは炭鉱で栄えた街も、その閉山とともに財政が悪化。新たな産業をつくりだそうとさまざまな施設を建設したり、観光に力を入れたりしましたが、どれも失敗に終わり、2007年ついに財政破綻してしまいました。

アイデア

負債と夫妻でゆるキャラを開発

当時、夕張市は353億円もの負債を抱えていました。人離れや高齢化で人口も減り、日本で3番目に人口の少ない市となっていました。しかし一方で、夕張市は日本一離婚件数が少ない市でもあったのです。そこで、「負債」にちなんだ観光PRキャラクター「夕張夫妻」が誕生しました。特産の夕張メロンに似せた髪形で、座右の銘は「金はないけど愛

観光 地域活性化

自治体 企業 メディア

RESULTS

この作品はCannes Lions International Advertising Festivalの受賞作品（2009）です。

市役所には「夫婦円満課」を設置。キャラクターを生かしたさまざまなグッズで盛り上げた。

はある」。夕張市は夫婦円満の街を宣言、市役所内には「夫婦円満課」が設立され、市役所を訪れた夫婦には「夫婦円満証（無料）」を発行しました。

さらに11月22日の「いい夫婦の日」に合わせ、ＪＲ石勝線の終着駅であるゆうばり駅を「愛の始発駅」と名付け、熟年夫婦を集客できる観光資源としてアピール。「愛の始発駅」というＰＲソングをリリースし、その自虐的な歌詞で話題となりました。夫婦円満ビール、夫婦えんまんじゅうも発売しました。

結果

観光客が増加、経済効果も

１００以上のテレビ番組を含む３００を超えるメディアに取り上げられ、１億５０００万円のパブリシティ効果がありました。観光客は毎年10％ずつ増加し、その経済効果は31億円ともいわれています。そして、夕張市の人々も、もう一度自分たちの街に愛着とプライドを取り戻したのではないでしょうか。

ワンビジュアルにする 4
ラブケーキ・プロジェクト

IDEA　BACKGROUND

1ピース欠けたケーキを販売。欠けた1ピース分が途上国の子どもたちへの食料援助に。

課題
気軽に社会貢献できる仕組みがない

特定非営利活動法人ワールド・ビジョン・ジャパン（ＷＶＪ）は、途上国の子どもたちを支援する国際的なＮＧＯの日本事務所です。日本では、多くの人々が、なんらかの社会貢献をしたいという気持ちを持っている一方で、実際にそうした活動に参加できる機会が少なく、また、社会貢献というと、少しハードルの高いものに感じる人がほとんどでした。

普通の人が気軽に社会貢献ができる仕組み、そしてその意味もきちんと理解できる仕組みはないでしょうか。

アイデア
1ピース欠けたケーキを販売、差額を寄付

日本においてクリスマスは、家族や大

途上国支援

NGO 著名人
メディア

RESULTS

この作品はCannes Lions International Advertising Festivalの受賞作品（2010）です。

コンセプトに賛同した７人のパティシエが協力。
７種類の「ラブケーキ」が販売された。

切な人とケーキを食べて過ごす日です。

　そこで、ＷＶＪは、主旨に賛同した日本の有名パティシエ7名の協力を得て、1ピース欠けたケーキを開発。パティシエごとに違う「ラブケーキ」7種類が販売されました。このケーキはホールケーキと同じ値段で販売され、欠けた1ピース分の代金が途上国の子どもたちの食糧援助に寄付されました。

結果

メディアで話題となり寄付が増加

　ケーキのビジュアルを見たときの「どうして欠けているの？」というシンプルな疑問を入口に、人々は貢献や支援の意味をすぐに理解しました。ケーキを選ぶだけ、という身近でハードルの低い社会貢献は、さまざまなメディアで話題となり、ＷＶＪにも多くの寄付が寄せられました。

　プロジェクトは規模も参加者も拡大しながら継続、２０１２年には19都道府県から約90の店舗が参加しました。

フリー＆シェアする 5
I LOVE NY

IDEA

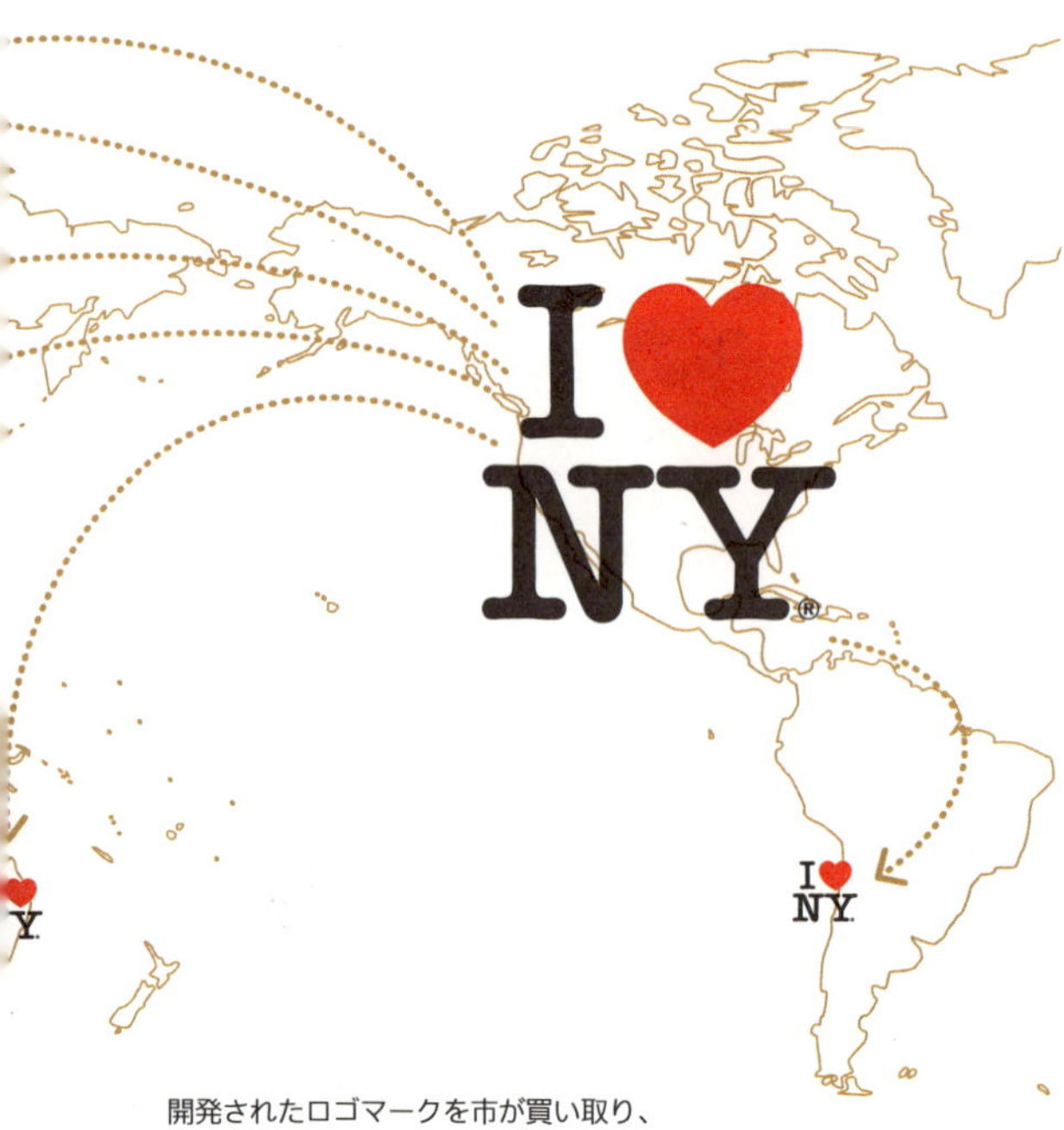

開発されたロゴマークを市が買い取り、
無料で使えるようにしたことで、爆発的に広まった。

BACKGROUND

背景と課題

財政破綻の危機

1970年代半ば、ニューヨーク市は治安の悪化、公害、物価の上昇などにより人口は850万人から750万人にまで減少、街のゴーストタウン化が懸念されるほどでした。そして、財政破綻の危機に直面していました。

アイデア

広告キャンペーンで観光客を増やそう

世界的に有名なロゴマーク、アイ・ラ

観光 地域活性化

自治体

RESULTS

ブ・ニューヨーク（I♥NY、I Love New York）は1977年にニューヨーク市のグラフィックデザイナー、ミルトン・グレイザーによって制作されました。市はこのロゴマークを買い取り、無料で世界中にシェアされることになりました。ハートのシンボル「♥」で〝Love〟を表現しており、このロゴマークがプリントされたグッズ（Tシャツやマグカップ、キャップなど）はニューヨークみやげの定番です。ブロード・ウェイの有名なミュージカルのワンシーンでアイ・ラブ・ニューヨークを次々と歌わせるテレビCMが大ヒットしました。

結果

観光収入が大幅に増加、現在も続くキャンペーンに

キャンペーンの大成功により観光客は増加。このロゴマークはニューヨーク州観光局の登録商標ですが、パロディとして多数の模造デザインが生まれているのはみなさんご存知の通りです。

教育の力で明るい未来を

教育

課題

世界ではまだ多くの人が学校で勉強することができない環境にいます。教育の優先順位が低い国も少なくなく、21の開発途上国が初等教育費よりも軍事費に予算をあてています。

先進諸国でも経済的理由から学校に通えない子どもたちが増えているほか、いじめや学級崩壊が問題となっています。教育は社会の課題を解決する上で重要な役割を果たしますが、まだ十分に機能しているとは言えない状況です。

希望

ユネスコの世界寺子屋運動の結果、20年間で約１２４万人の発展途上国の子どもや大人が学ぶ機会を得ました。

アメリカに本部を置くＮＰＯ「Teach For America」は、アメリカの一流大学

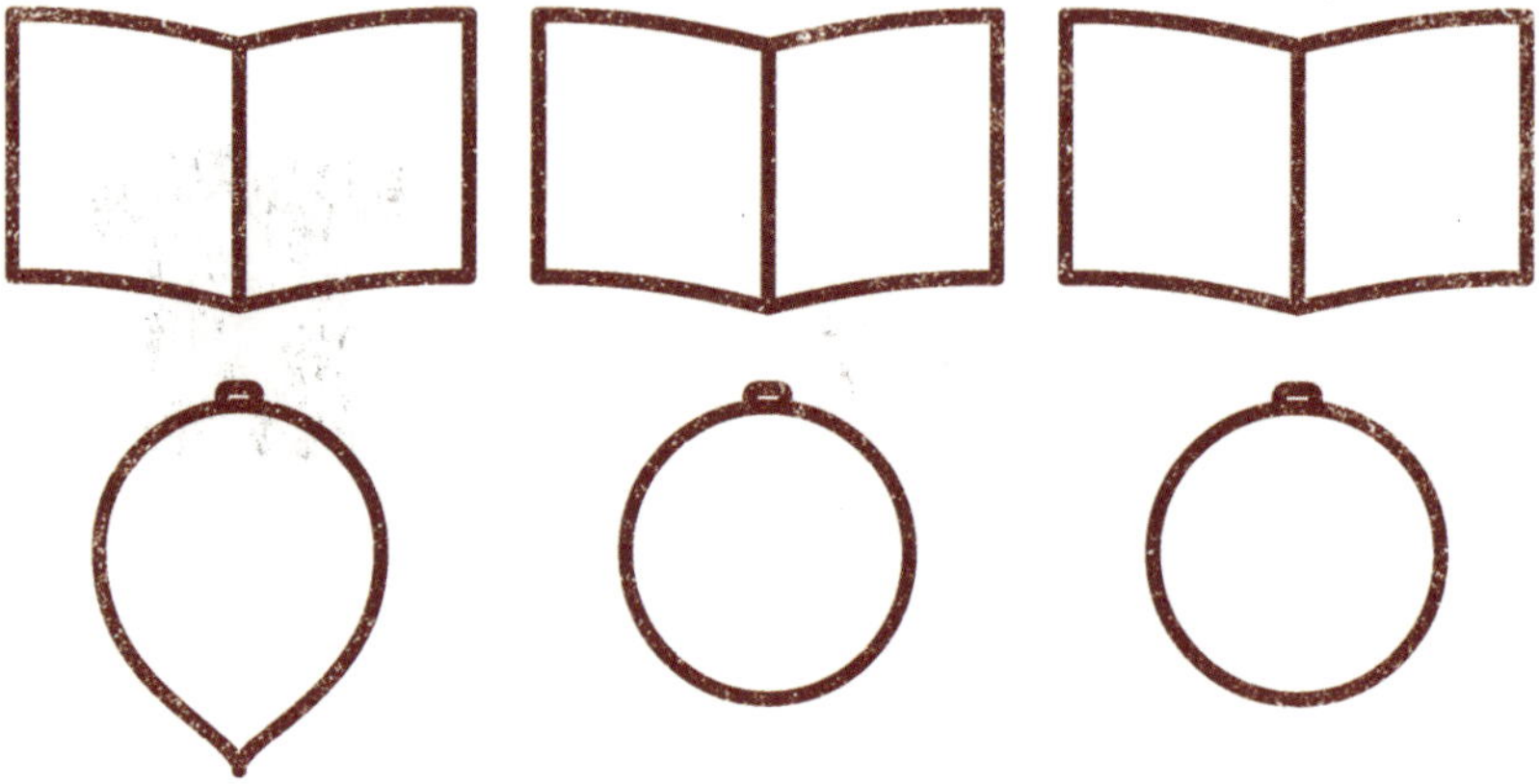

の学部卒業生を大学卒業から2年間、国内各地の教育困難地域に赴任させるプログラムを実施していますが、2010年には全米文系学生就職先人気ランキングで1位を獲得し、希望を与える仕事として注目を集めています。

五大陸ドラゴン桜「e-Education Project」は、eラーニングを活用してアジアの貧しい国々の子どもたちの学習を支援しています。

DATA

- **約1億人**の子どもたちが学校に通えずにいます。15歳以上の人口のうち**7億7500万人**を超える人々が読み書きができないと言われていて、そのうち3分の2が女性です。
- 日本では**7人に1人**の子どもが、学校で学習するための資金的支援を必要としています。
- 先進国では**13・6%**の子どもが、学校の授業を理解することに困難をかかえています。

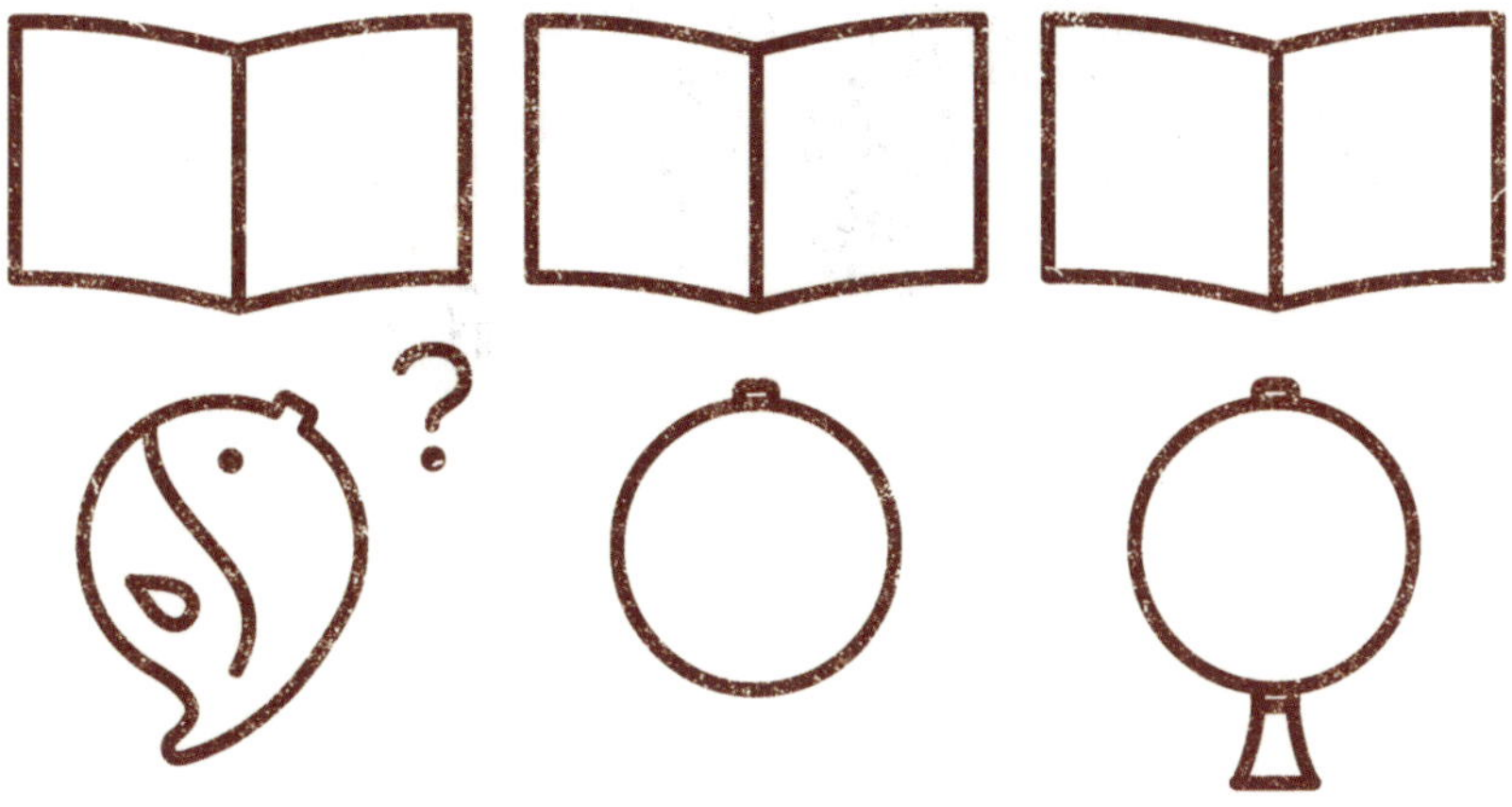

15歳以上のおよそ6人に1人（7億7500万人）は読み書きができず、その2/3が女性です

学生の力を借りる　6

FAMINE

IDEA　BACKGROUND

メッセージを載せた古着ポスターで衣料支援を呼びかけ。
金沢美術工芸大学の学生たちが制作。

背景と課題

タンザニアの難民キャンプで物資が欠乏

アフリカ南部のコンゴで1994年から続いていた内戦によって、東隣のタンザニアには多くの難民が流入していました。国境に近いキゴマのニャルグス国連難民キャンプには、約5万8000人が逃れてきており、生活物資を失った彼らの半数は17歳以下の子どもで、特に深刻な衣料不足に困っていました。

アイデア

古着でポスターをつくる

特定非営利活動法人ワールド・ビジョン・ジャパン（WVJ）は、タンザニアの難民キャンプに住む人たちへの衣料支援キャンペーンのひとつとして、古着を利用したユニークなポスターを制作しま

：課題　：解決した人

途上国支援

NGO 教育機関 企業 メディア

RESULTS

ポスターは金沢市内の商店街や商業施設などに掲出され、
最後は支援物資としてアフリカへ。

報道によって活動が広がり、岡山県立大学の
学生ボランティアも参加。岡山市内に掲出された。

した。金沢市の美術大学に通う学生たちに実習を兼ねてボランティアとして協力・制作してもらったのです。

一点一点オリジナルデザインで制作された手作りポスター。約300着の子ども・婦人物・紳士物のブラウス・Tシャツ・スカート・ズボンなどの古着に、シルクスクリーン印刷技術やドローイング、パッチワークなどで「タンザニアの難民キャンプにきれいな古着を送ろう」と載せました。このポスターそのものも、掲出終了後は回収され、タンザニアの難民キャンプに支援衣料の一部として送られました。

結果

40万枚もの古着が集まる

この活動が新聞、TVなどで報道された結果、金沢市民からたくさんの古着が寄せられました。さらにこの活動は全国紙に掲載されてから一気に全国へ広がり、約40万枚もの古着が寄せられました。新たにケニアへの支援も決定しました。

伝統の力を借りる 7

COP10 折り紙からのメッセージ

IDEA

誰もが遊んだことのある、折り紙をモチーフにしたロゴマーク。動植物は実際に折ることができる。

BACKGROUND

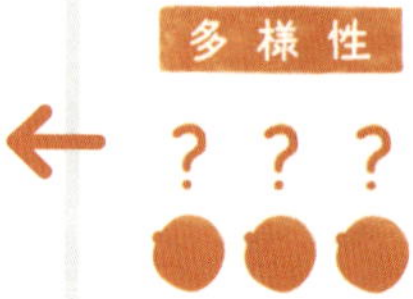

背景と課題

生物多様性って、なに？

2000年代はじめ、「生物多様性」という言葉は日本人にはほとんど知られておらず、絶滅危惧種に関する関心も低い状況でした。そんな中、10年秋、生物多様性条約第10回締約国会議（以下COP10）が愛知県名古屋市で開催されることが決まり、「生物多様性」の認知拡大も解決すべき課題のひとつとして取り上げられました。

アイデア

折り紙で生物多様性を身近に

折り紙は千年以上の歴史を持つ日本古来の紙遊びで、紙を折って植物や動物などの形をつくります。千羽鶴など、折り紙を折ると願いが叶うとも信じられています。それは自然と調和した生活を営んできた日本の独特の文化。そこで、ロゴマークのモチーフを折り紙にしました。

生物多様性

国際機関 行政 著名人
企業 メディア

RESULTS

多様性

62%

イベントやCOP10会場で、世界中の人々から
折り紙とともにメッセージが寄せられた。

さまざまな年代の人々が簡単に楽しめる折り紙を通して、多くの人に生物多様性という難しいコンセプトに親しんでもらおう、という狙いです。

日本各地、世界各地で行われたイベントで、参加者たちは折り紙を折り、生物多様性に親しみました。COP10会場でも、食堂やトイレをはじめさまざまな場所に折り紙のPOPを掲出。直径2メートルほどの地球の模型も用意され、世界中からの会議参加者がメッセージを書いた折り紙を貼りつけるなど、会議場は折り紙であふれました。みんながCOP10の成功を祈って折り紙を折りました。

結果

「生物多様性」の認知が上昇

08年のCOP9に比べ、会場への来場者は、1万3000人と86%増加。取り上げたメディアの数は1万3035で、約4倍に。さらに「生物多様性」への認知は36%（09年6月）から62%（10年11月）に、増加しました。

セレブリティの力を借りる　8

Tigers Save Tigers!

IDEA

活動を紹介するポスターを球場などに掲出。
キャッチフレーズは岡田監督の自筆。

BACKGROUND

背景

野生のトラ、あと5000頭！

現在、トラは絶滅が危惧されている動物の代表的な一種です。2005年、野生のトラが激減し、地球上にあと5000頭しか残っていない、というショッキングな数字が新聞記事となりました（13年にはさらに状況が悪化し、あと3200頭しか残っていないそうです）。原因は密猟です。そして日本は、密猟されたトラ（毛皮や漢方薬など）の大きな市場でもあります。しかし、残っているトラの多く生息するインドでは、予算不足のため密猟からトラを守るレンジャー（警備員）が十分なパトロール用装備を持っていませんでした。

- 絶滅危惧種保護
- 著名人 NGO 企業 メディア

RESULTS

この作品はCannes Lions International Advertising Festivalの受賞作品（2009）です。

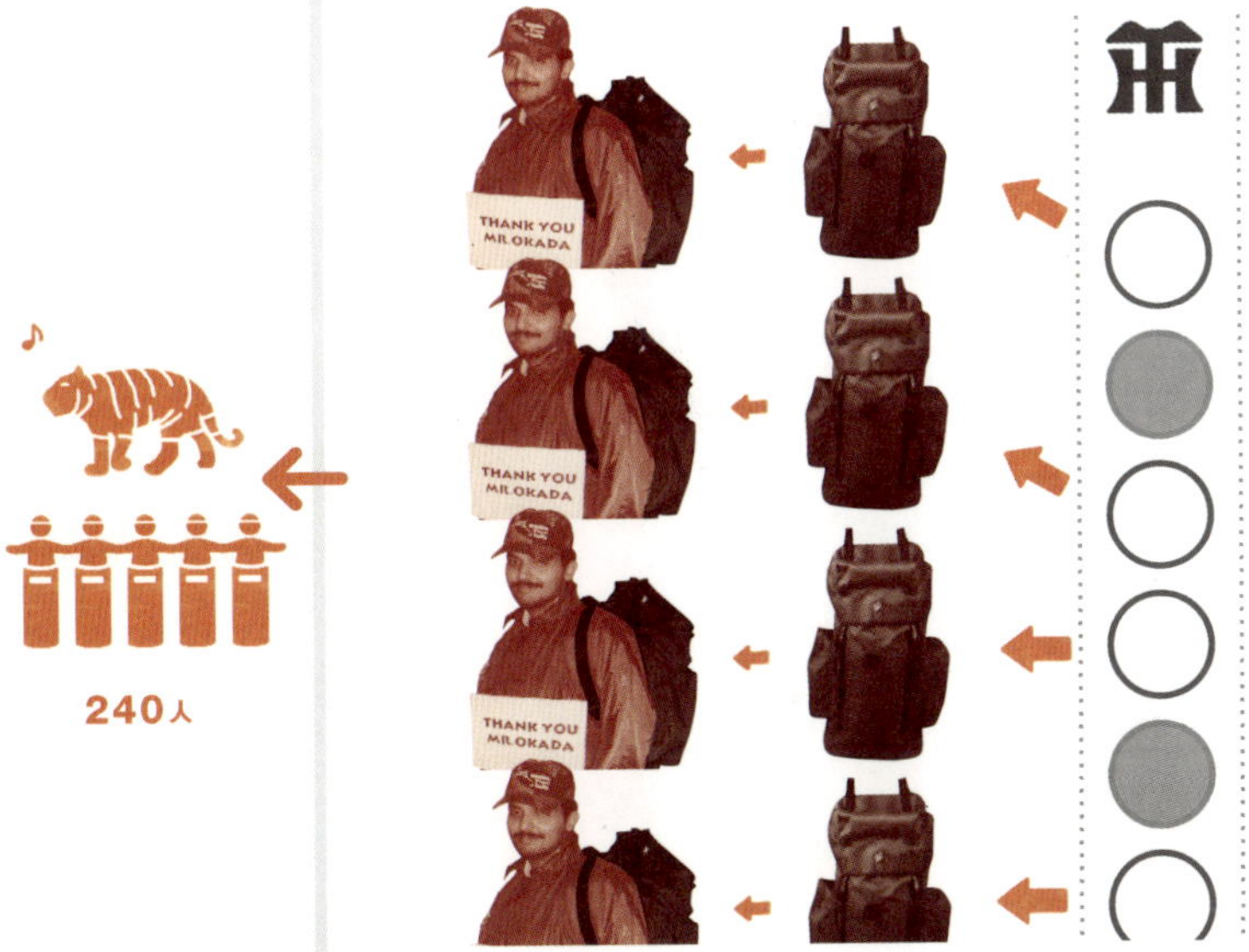

阪神が１勝するごとにレンジャーキットを１セット寄付し、フル装備のレンジャーが１人誕生。

アイデア

トラをトラが守る、という仕組み

トラを保護するにはトラがいいのでは、というシンプルなアイデアで、セレブリティである阪神タイガースの岡田彰布監督（当時）に協力を依頼。阪神が1勝すると岡田監督がトラ保護レンジャーキットを1式寄付するという仕組みをつくりました。寄付は日本のＮＧＯ、ＪＷＣＳトラ保護基金（現 トラ・ゾウ保護基金ＪＴＥＦ）を通じて行われました。

結果

インドにフル装備のトラ保護レンジャー２４０人！

監督のこのユニークな活動は、新聞やテレビ、雑誌、ウェブなどで広く報道されました。また、球団も賛同し、阪神のホームグラウンドである甲子園球場での試合に合わせて「トラ保護デー」というイベントを開催。3年間で通算２４０勝、２４０人のトラ保護レンジャーに充実した装備が支給されました。

テクノロジーを活用する　9

Dog-A-Like アプリ

IDEA

BACKGROUND

100000頭／年

背景と課題

引き取る人のいない犬猫は殺処分されている

悲しいことにオーストラリアでは、知られることのないまま、毎年10万以上もの保護された犬が安楽死を遂げています。(日本では殺処分される犬猫の数は年間約20万：2010年、環境省調べ)。引き取る人を一人でも多く見つけるためにはどうしたらいいのでしょうか。

アイデア

アプリで犬と人をマッチング

Dog-A-Likeは、「飼い犬は飼い主に似ている」という発想から生まれた、自分に似た顔の犬と引き合わせてくれると

犬猫殺処分

企業

RESULTS

この作品はCannes Lions International Festival of Creativityの受賞作品（2012）です。

顔認識技術により、帰る家のない犬の中から
自分の顔に似た犬をマッチングしてくれるアプリを開発。

ウェブサイトで紹介されている事例。これだけ
似ていれば、引き取りに行かざるをえない？

いうアプリです。自分の写真を撮影し、そこからソフトウェアがユーザーの顔の細部（目、髪の毛、鼻、口などの顔の特徴）のスキャンを行います。ユーザーの顔の特徴と現在引き取り可能な全ての犬の特徴を比較分析し、ユーザーの〝Dog-A-Like（似た犬）〟が見つかるまで探します。

保護された犬に人々が会いに行けないのならば、逆に保護された犬を人々の元へ届けよう、という逆転の発想を生かしたアプリです。

結果

3500頭以上の犬を里親とマッチング

このアプリはiTunes Storeで2週間No.1となり、ほんの数カ月で3500頭以上の犬が引き取られました。最初の1カ月で580万人のフェイスブックユーザーの「いいね！」によって20万食のドッグフードが寄付されました。結果、フェイスブックの2012年間トップ50アプリに選ばれました。

共通の記憶を活用する　10
The most popular song

IDEA | BACKGROUND

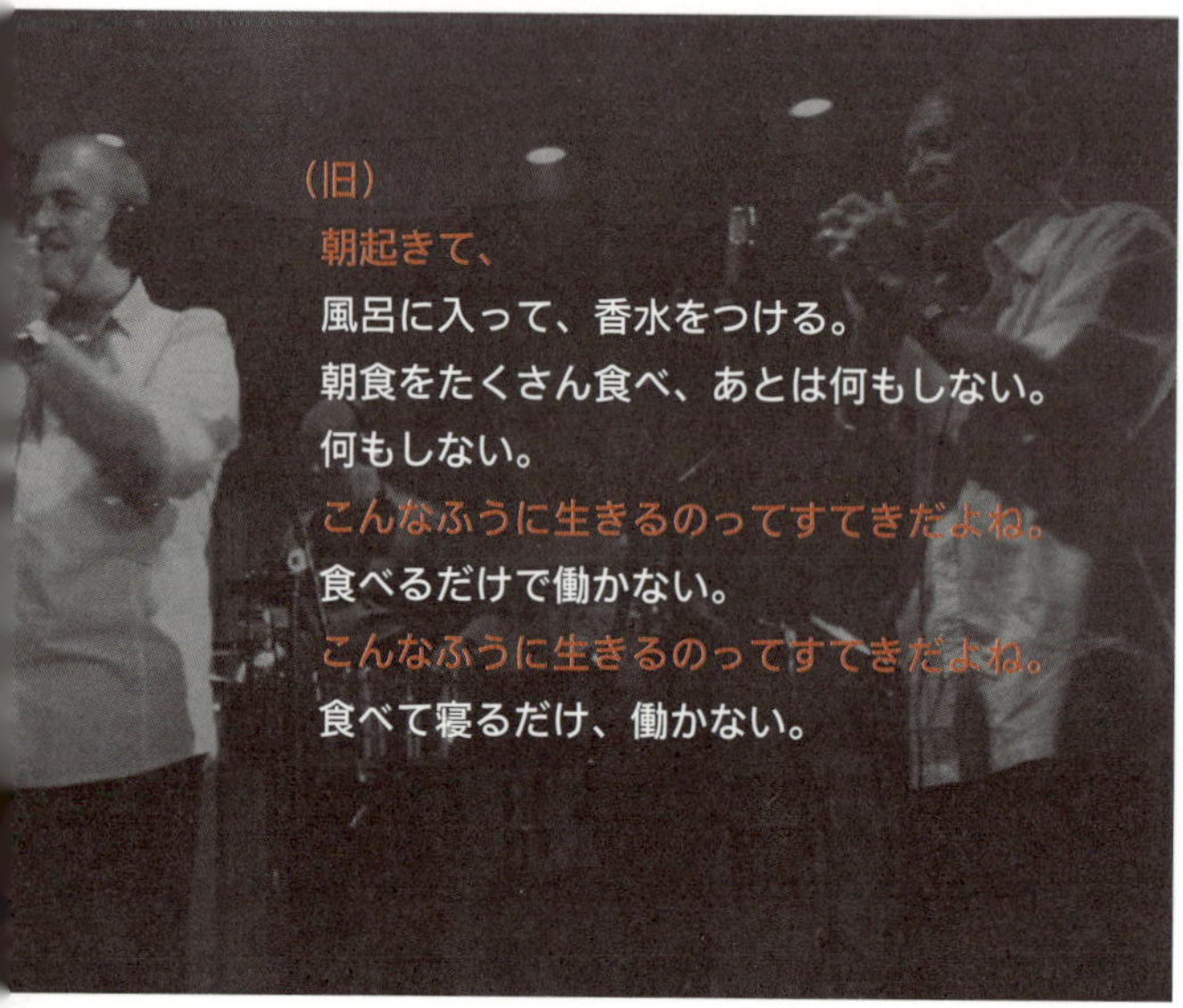
（旧）
朝起きて、
風呂に入って、香水をつける。
朝食をたくさん食べ、あとは何もしない。
何もしない。
こんなふうに生きるのってすてきだよね。
食べるだけで働かない。
こんなふうに生きるのってすてきだよね。
食べて寝るだけ、働かない。

背景と課題

労働に対する悲観と無気力が国全体に

失業率の増加は世界中で課題となっています。世界各国では仕事を見つけることに苦労しているのに対して、プエルトリコでは仕事をしたい人を見つけるのに苦労していたのだそうです。人口の60%が生活保護を受けることが当たり前のライフスタイル…。

　仕事に対して悲観的で無気力であることが、経済発展を妨げる最大のハードルでした。

ィングコミュニケーションの
情報を最新に保てます

」は「売れる」のはじまりです。

議 広告マスターコース

じて最新号がお手元に届きます

- 議」（マーケティング）
- 議」（販売促進）
- 」（クリエイティブ）
- 議」（広報）
- 社」（広告関連企業データベース）
- 帳」
- （社会を動かしたキーワード）
- 鑑」（テレビ・ラジオCMの1年間の集大成）
- 冊「編集会議」（Web&Publishing）

ミナーなどへの無料参加

)ご招待（毎回1名様）。
ラムへ無料ご招待（毎回2名様まで）。
ではテレビ会議システムにて同時双方向中継。

ースを携帯・PCへ毎朝（平日・土曜）配信

話題のニュースを配信。
ションの重要なニュースを漏らさず素早くチェックできます。
に配信先のメールアドレスを3件まで記載してください。
込み時のメールアドレス宛てに配信いたします。

ンプレート」など定期購読者特典がすべてつきます

別企画書テンプレートの無料ダウンロードなどのサービスがすべて

1年間10万円
（95,238円＋消費税）

お申し込みはこちらから
denkaigi.com/mastercourse/

宣伝会議の教育講座

資料請求・お問い合わせ→www.sendenkaigi.com

基本講座	コピーライター養成講座　基礎コース	4月・10月	¥168,000
	編集・ライター養成講座	5月・11月	¥168,000
	アートディレクター養成講座	6月	¥168,000
	広報担当者養成講座	5月・10月	¥98,000
	提案営業力養成講座	5月・11月	¥168,000
	マーケティング実践講座	5月・11月	¥98,000
	セールスプロモーション講座	2月・9月	¥98,000
専門講座（クリエイティブ）	コピーライター養成講座　上級コース	5月・11月	¥190,000
	コピーライター養成講座　専門コース	6月・11月	¥88,000（クラスによる）
	クリエイティブディレクション講座	2月・8月	¥140,000
	文章力養成講座	5月・11月	¥98,000
	CMプランニング講座	8月	¥150,000
	ボディコピー特訓コース	3月・9月	¥78,000
	パッケージディレクション講座	3月・9月	¥78,000
専門講座（プランニング）	企画書・プレゼン講座	3月・6月・9月・12月	¥49 000
	コミュニケーションデザイン実践講座	2月・9月	¥168,000
	Web&広告プランニング講座	5月・11月	¥98 000
専門講座（広報）	メディアリレーションズ実践講座	3月・12月	¥49,800
	ニュースリリース作成講座	2月・6月・11月	¥58,000
	危機管理広報講座	2月・7月	¥48,000
専門講座（マーケティング）	インターネットマーケティング基礎講座	5月・11月	¥73,500
	戦略PR講座	3月・9月	¥48,000
専門講座（宣伝・広告）	オリエンテーション基礎講座	2月・11月	¥68,000
	デザインディレクション基礎講座	1月・7月	¥49,000
	ブランドマネージャー育成講座	3月・7月・12月	¥126,000

（上記金額は申込金を含む税込価格です）

宣伝会議グループ
株式会社マスメディアン MASSMEDIAN
広告・Web・マスコミ職種専門の人材紹介・派遣サービス。 マスメディアン 検索
マスメディアンは、「宣伝会議」の持つネットワークと情報力、そして人材ノウハウで、広告・Web業界の転職希望者と求人企業をつなぐ業界専門の総合人材サービス会社です。お気軽にご相談ください。
（厚生労働大臣許可番号／人材紹介13-ユ-040475　人材派遣 般13-040596）

広告マスコミ・Web業界を目指す学生のための就職応援サイト
マスナビ　会員登録無料 マスナビ 検索

広告会社・広告関連会社、メディアの検索サイト
『日本の広告会社®』www.ad-navi.jp
『日本のメディア®』www.md-navi.jp

1303

広告コピーってこう書くんだ！ 読本

「"なんかいいよね"禁止」「一晩で100本のコピーを書く方法」「ダメ出しを制約と思うか、ヒントと思うか」など、アイデアとコピーをくり返し生み出すための"発想体質"をつくる31の方法を公開。コピーライターだけでなく多くの読者に支持されているロングセラー。

谷山雅計 著
定価:1,890円（税込） ISBN 978-4-88335-179-4

日本のコピー ベスト500

日本のコピーの集大成となる1冊を目指し、10名のトップコピーライター／クリエイティブディレクターが集結し、選出したベスト500のコピーを一挙掲載。ベスト10には10名の編著者による原稿を掲載した、完全保存版。

安藤隆 一倉宏 岡本欣也 小野田隆雄 児島令子
佐々木宏 澤本嘉光 仲畑貴志 前田知巳 山本高史 編著
定価:2,100円（税込） ISBN 978-4-88335-240-1

コピー年鑑2012

2011年3月から2012年2月までに発表された広告から選ばれた約1000点の優秀コピーとスタッフリストを紹介。50周年記念号の特別企画として、半世紀分のグランプリ作品を一挙掲載した完全保存版。

東京コピーライターズクラブ 編
定価:21,000円（税込） ISBN 978-4-88335-268-5

MEDIA MAKERS
社会が動く「影響力」の正体

"2chまとめブログから高級ファッション誌まで"あらゆるタイプのメディアにかかわってきた著者が、複雑化するメディアを分かりやすく解説。メディアに踊らされずに、メディアで躍らせる方法を明かす。

田端信太郎 著
定価:1,680円（税込） ISBN 978-4-88335-270-8

佐藤可士和さん、仕事って楽しいですか？

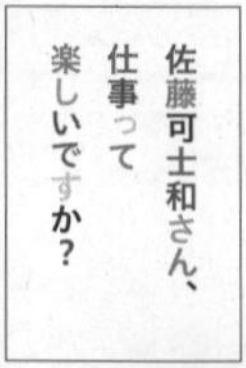

月刊「ブレーン」での好評連載にオリジナルコンテンツを加えて書籍化。人気アートディレクターである著者が、学生との一問一答を通じて、端的に、やさしく、わかりやすく、仕事の本質を説く。

佐藤可士和 著
定価:1,050円（税込） ISBN978-4-88335-272-2

ACC CM年鑑2013

グランプリ受賞のトヨタ自動車「ReBORNシリーズ」、本田技研工業「負けるもんか（プロダクト）」ほか全受賞作を収録。制作者コメント、審査評のほかクリエイターズ殿堂、パーマネントコレクションも掲載。

全日本シーエム放送連盟 編
定価:14,700円（税込） ISBN 978-4-88335-275-3

宣伝会議

月刊「宣伝会議」
毎月1日発売 B5判
定価:1200円（税込）

月刊「
毎月1日
定価:1

月刊「広報会議」
毎月1日発売 A4変型判
定価:1,200円（税込）

「
3
定

HEADLin

業界ニュースを毎朝

定期購読を申し込まれ
の最新ニュース・情報を
の情報ポータルサイト「
れたニュースの中から、
ムをランキング形式でお
告・マーケティングの潮

http//www.sende

広告界の情報ポー
AdverTi
www.advertimes.

マーケテ
知識と

「伝わ

宣伝会

特典1 1年を

[雑 誌] 月刊「宣伝会
月刊「販促会
月刊「ブレー
月刊「広報会
[年 鑑] 「日本の広告
「マスコミ電
「コピー年鑑
「ACC CM年
年2回発行 別

特典2 編集長

編集長セミナー（加入者限
広告関連の最先端のフォ
※東京開催。その他主要都

特典3 最新ニ

編集部から毎朝、広告界で
マーケティングコミュニケー
※お申し込みの際、「備考欄
記載のない場合は、お申

特典4 「企画書

月刊「販促会議」の業種業
受けられます。

www.se

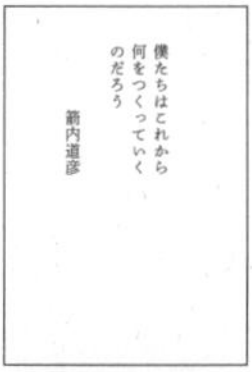

僕たちはこれから何をつくっていくのだろう

『宣伝会議』の人気連載「箭内道彦の広告ど真ん中」の書籍化。広告の価値とは?、社会的役割とは?、正義とは？ 現代の広告のあり方に警鐘を鳴らし、その可能性を熱く語った箭内流広告未来論。著名クリエイターとの対談も収録。

箭内道彦 著
定価:1,680円(税込)　ISBN978-4-88335-279-1

図説　アイデア入門
言葉、ビジュアル、商品企画を生み出す14法則と99の見本

外資系広告会社で活躍した著者が、言葉や文化を越えて通用するアイデアの導き方を14種に類型化し、99のイラストで解説したアイデア入門書。企画や商品開発などアイデアを求められる人の必読書!

狐塚康己 著
定価:2,100円(税込)　ISBN 978-4-88335-280-7

希望をつくる仕事　ソーシャルデザイン

継続的に社会課題と関わっていくきっかけを作り、社会をよくするシステムを作るのがソーシャルデザイン。本書ではユニークな35事例を紹介、ソーシャルクリエイターへの扉を開く。表紙は井上雄彦。

ソーシャルデザイン会議実行委員会 編著　電通ソーシャル・デザイン・エンジン 監修
定価:1,575円(税込)　ISBN 978-4-88335-274-6

その働き方ムダですよ～コスパを高める仕事術～

1つの仕事だけ、の時代は5年後に終わる!“頑張る”より“ムダ”を削ぎ落とす方がコスパを高める近道です。常に100個のプロジェクトを同時進行する著者が仕事術について解き明かす。

おちまさと 著
定価:1,260円(税込)　ISBN 978-4-88335-273-9

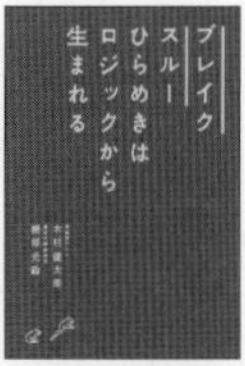

ブレイクスルー　ひらめきはロジックから生まれる

企画、戦略、アイデア等を練っている際に、誰もがぶつかる思考の壁。それを突破するために必要なのが「ブレイクスルーの思考法」だ。本書ではそれを成し遂げるための8つの思考ロジックを事例とともにわかりやすく紹介する。

木村健太郎、磯部光毅 共著
定価:1,575円(税込)　ISBN978-4-88335-283-8

グッドデザインアワード2012

プロダクト、建築、ビジネスモデルなど広範なデザインを顕彰するGOOD DESIGN　AWARDの入賞作を700ページ以上の大増で収録。今年度より、未来を示唆するデザイン100件をグッドデザイン・ベスト100として紹介。

日本デザイン振興会 編
定価:26,250円(税込)　ISBN 978-4-88335-281-4

おかげさまで60周年

宣伝会議

Marketing & Creativity/Sales Promotion
Design/Copy/CM/CG/Photo
Web & Publishing
Philosophy/Entertainment
Environmental Forum
Business/Creative Seminar

出版目録

Marketing & Creativity
宣伝会議

本社　〒107-8550 東京都港区南青山5- 2 - 1
TEL.03-6418-3331（代表）

ホームページで書籍・雑誌・教育講座のご案内をしております。
http://www.sendenkaigi.com/
東京・大阪・名古屋・福岡・札幌・仙台・広島

国民の意識改革

企業 著名人 メディア

RESULTS

この作品はCannes Lions International Festival of Creativityの受賞作品（2012）です。

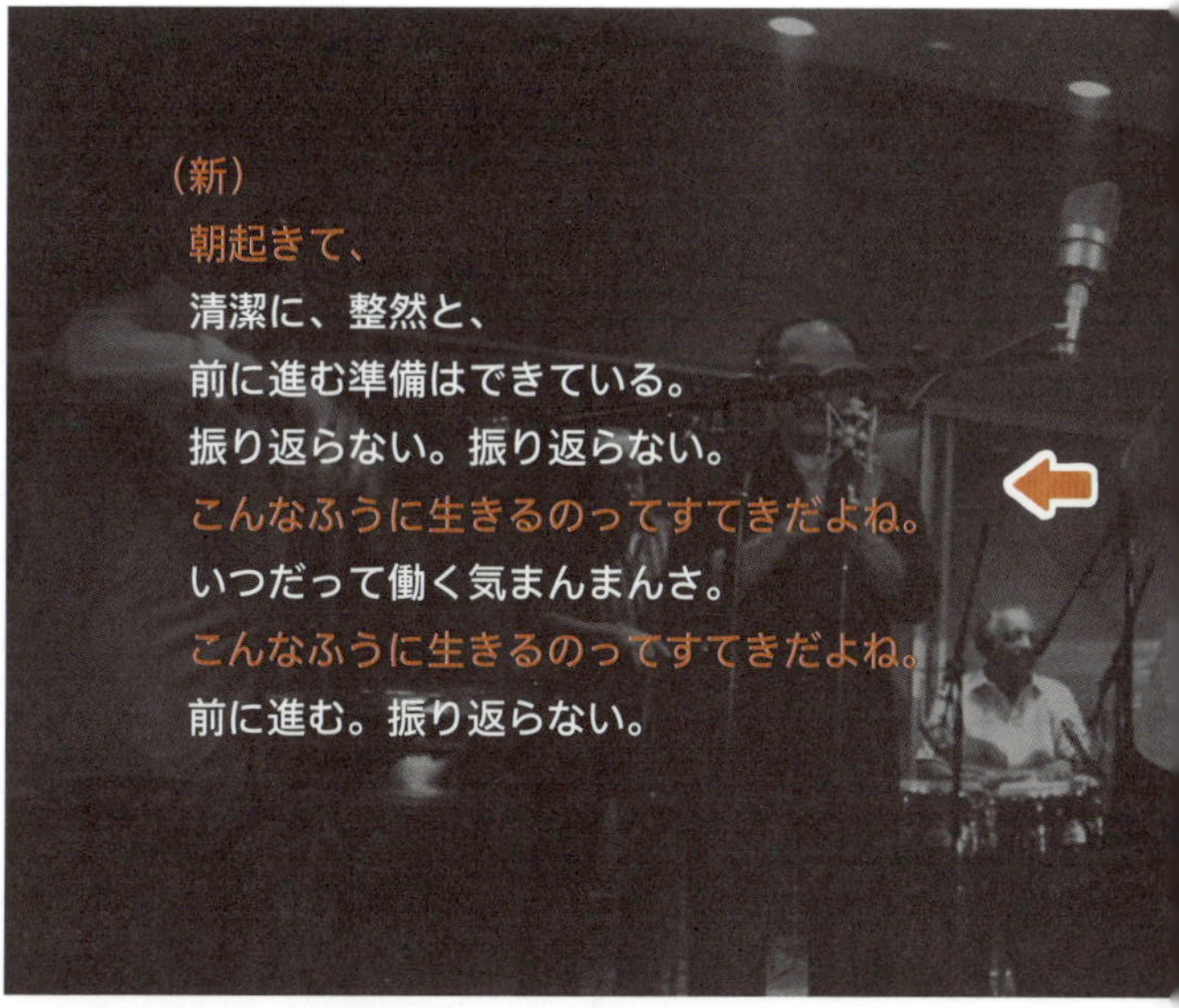
（新）
朝起きて、
清潔に、整然と、
前に進む準備はできている。
振り返らない。振り返らない。
こんなふうに生きるのってすてきだよね。
いつだって働く気まんまんさ。
こんなふうに生きるのってすてきだよね。
前に進む。振り返らない。

往年のサルサの大ヒット曲が、プエルトリコの人々の意識を変えるために新しい歌詞でよみがえった。

アイデア

往年の大ヒット曲を時代に合わせてリライト

プエルトリコ往年のサルサの大ヒット曲「No Hago Más Ná（私はなにもしない）」。怠惰な男の一日を歌ったその歌は、世界的にも有名なサルサバンド、エル・グラン・コンボの曲。プエルトリコの銀行「Banco Popular」は、国民の意識改革のために、彼らに歴史を書き直してくれるよう依頼したのです。そして、怠惰さを歌った歌は、労働に対する前向きな気持ちを歌った歌に生まれ変わりました。

結果

新しい労働観がムーブメントに

曲はヒットチャートを駆け昇り、銀行のイメージと評判のランキングを過去最高位に押し上げました。新曲の人気は、新しい労働観のムーブメントとなり、100を超える企業や組織が合流。草の根からプエルトリコ労働者と起業家の努力を引き出しました。

コラム 2

水の惑星を守る

水

課題

人口増加や工業化などに伴い、水不足や水質汚染が深刻な問題となっています。

都市化に伴い食肉需要は増える傾向にあるといわれており、２０５０年までに世界の食糧需要は約70％増加するといわれています。食肉生産は穀物生産の8～10倍の水を必要としますので、大きな影響が考えられるでしょう。水資源に恵まれた日本も、食料の60％を輸入に頼っています。つまり、私たちの目に見えないところで、外国からたくさんの水を輸入している（仮想水：バーチュアルウォーター）のです。

希望

世界の疾病の約10％が水供給、衛生施設、健康、水資源の改善によって予防可能といわれています。

世界の水問題の解決には、日本の科学技術や支援活動にも期待が寄せられています。例えば、気候観測データを国際社会で共有し、水問題の解決に導くことを目指して、データ統合・解析システム「ディアス」が活用されています。

また、企業のCSR（社会貢献活動）や自然学校の教育プログラムなどにも、水を育む森林を守るための活動やキャンペーンが増えてきています。

DATA

- 世界人口の**約8人に1人**が安全な飲料水を得ることができないでいます。
- 世界人口の**40％**近い人が自宅のトイレや公衆便所など衛生施設を利用できていません。
- 2030年には世界人口の**47％**（2人に1人）が水不足の厳しい地域で暮らしていると予想されます。
- 発展途上国で排出される汚水の**80％超**は未処理のまま放出され、河川、湖沼、沿岸地域を汚染しています。

2030年には世界人口の47％（2人に1人）が水不足の厳しい地域で暮らしていると予想されます

11 記念日をつくる
Small Business Saturday

「ブラックフライデー」と呼ばれる11月の第4金曜日の翌日、土曜日を「スモール・ビジネス・サタデー」と名付けた。

背景と課題

地元の小売店の危機

多くの国で、大型のモール、スーパーやネット販売の増加などにより、地元に根付いた小さなお店がどんどん衰退しています。こうしたスモール・ビジネス、小さなビジネスを支援するには、すなわち、地元の小売店で買物をしてもらうには、どうしたらいいでしょう?

アイデア

小さなお店のプロモーションをクレジットカードが支援

アメリカでは、感謝祭翌日の11月第4金曜日を「ブラックフライデー」と呼びます。その日はクリスマスシーズンの始まりで、どのお店も黒字になるからだとか。でも、小さなお店はなかなかブラッ

☑：課題　👤：解決した人

☑ シャッター商店街
地域活性化

👤 企業　著名人

RESULTS

この作品はCannes Lions International Festival of Creativityの受賞作品（2012）です。

各店舗のビジネスを100ドル分の無料広告枠やダウンロードできるツールなどで支援。

多くのリーダーが支持を表明し大きなムーブメントに。売上も大きく上昇した。

ク（黒字）になりませんでした。そこでクレジットカード会社のアメリカン・エキスプレスはその翌日の土曜日を「スモールビジネス・サタデー」と名付け、新しい記念日をつくりました。同時に中小規模の小売店に、フェイスブック上の100ドル分の無料広告枠を提供。さらにカードメンバーにも、そうしたお店で使える25ドル分のショッピングクレジットを提供し、「SHOP SMALL!（小さなお店で買い物しよう！）」と呼びかけました。小売店がダウンロードして使えるバッジ、ポスター、SNSツールなども用意しました。

結果

多くの店舗で売り上げアップ！

このキャンペーンにはニューヨーク市長をはじめ多くの州知事など地域のリーダー、最終的にはバラク・オバマ大統領も積極的に支援を表明。参加したお店では、売上が20〜30％、中には400％もアップしたところもありました。

12 アワードをつくる

フード・アクション・ニッポン

優れた取り組みを表彰し、みんなで共有する
仕組みとしてアワードを毎年開催している。

背景

日本の食料自給率はかなり低い

例えば、アメリカは１３０％、フランスは１２１％、イギリスだって65%。世界規模で食料問題がますます深刻化する中、日本の食料自給率は39%（２００９年度カロリーベース）しかありません。このままで、子どもや孫の時代は大丈夫でしょうか。

アイデア

競争で盛り上げ、取り組みをシェア

農林水産省は08年度から食料自給率向上に向けた国民運動「フード・アクション・ニッポン」を立ち上げました。みんなでより多くの国産農産物を食べて食料自給率の向上を図り、食の安全と豊かさを子どもたちの世代へ引き継いでいくことを目指す取り組みです。

食料自給率

行政 企業 著名人
メディア

RESULTS

862件の応募作から選ばれた大賞は、北海道産飼料米を活用したオリジナル商品「黄金そだち」。他に商品、流通、販売促進・消費促進、研究開発・新技術などの部門がある。

その展開の一環として創設されたのが「フード・アクション・ニッポン アワード」。食料自給率向上に寄与する取り組みを広く募集し、優れた取り組みを表彰することにより、活動を広くPRすることを狙って09年から始まりました。

結果

回を重ねるごとに活動が広がる

第4回目となった12年は、応募数862件。商品、流通、販売促進・消費促進、研究開発・新技術というのが基本4部門。ひとつでも多くの取り組みを広く紹介しようと、ジャンルにこだわらず食料自給率の向上に資する先進的な取り組みを表彰する「審査委員特別賞」や11年度から始まった東日本大震災被災地への食と農の復興に寄与する取り組みを表彰する「食べて応援しよう！賞」も加わりました。流通・食品などの企業、旅館・ホテルなどの事業者、大学や地元経済界、自治体などからなる推進パートナー数は6808社（12年12月末日現在）に達しています。

スターをつくる　13

Scope：See the person

IDEA　BACKGROUND

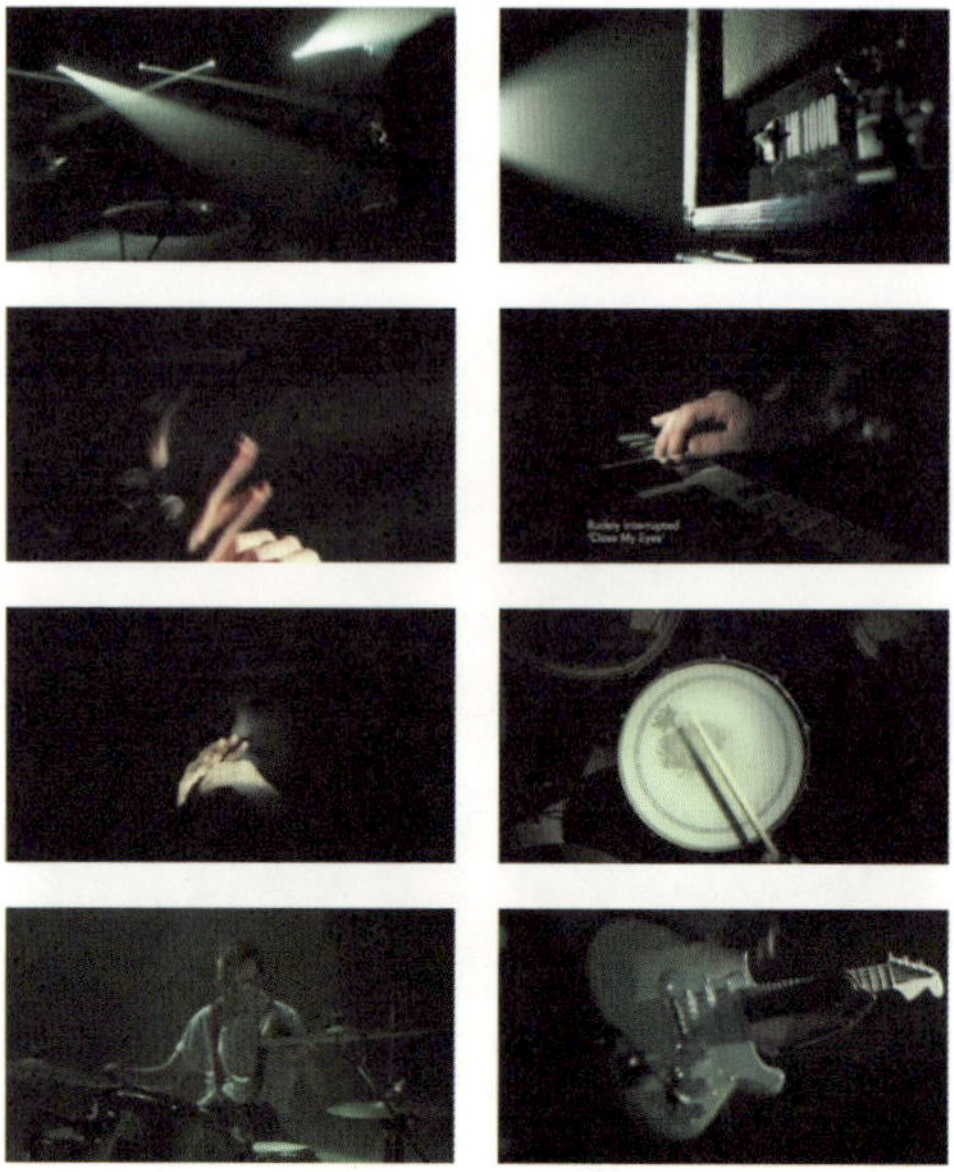

課題

障がい者への偏見、差別をなくせ

世の中にはさまざまな人がいます。ハンディキャップを持った人に出会うとき、私たちは外見で判断してしまい、知らないうちに偏見を持ち、差別をしているのかもしれません。

アイデア

バンドメンバーは障がい者

オーストラリアの障がい者をサポートする団体スコープは、「シー・ザ・パーソン（その人をみてください）」キャンペーンを展開しました。優れた音楽の才能を持つ障がい者のメンバーで構成されるバンド「ルードリー・インタラプテッド（乱暴に解釈されている人々、つまり

障がい者支援
NGO

RESULTS

この作品はCannes Lions International Festival of Creativityの受賞作品（2011）です。

障害を持ったメンバーで結成されたロックバンドをプロデュース。PVや全国ツアーも。

障がい者ということで乱暴に括られ色眼鏡でみられている、という意味）」がキャンペーンをサポート。彼らはシングル「close my eyes（目を閉じてごらん）」のミュージックビデオをプロデュースしました。目を閉じれば、障がいの有無ではなく彼らの才能の素晴らしさが聞こえてくるはずです。ミュージックビデオの前半は、演奏に焦点を当てる映像。軽快なギターポップが後半に進むと、演奏しているのが障がいを持った人たちだということが分かります。

See the Person, Not the Disability.（その個人一人ひとりを見つめよう、障害から見るのではなく）

結果

PVの再生回数は16万回以上に！

偏見の撤廃をアピールしたこのキャンペーンは、カンヌライオンズ２０１１の「フォー・グッド」部門グランプリを受賞しました。このミュージックビデオはこれまでに16万回以上再生されています。

スローガンにする 14

「なんとかしなきゃ!」プロジェクト

IDEA

なんとかしなきゃ!
見過ごせない――55億人

まず、スローガンを開発。
さまざまな団体の活動を
この言葉で束ねる。

東アフリカ
1,330万人を、
なんとかしなきゃ!
SOS AFRICA

2011年秋、東アフリカへの支援キャンペーン
「SOS AFRICA」のキャッチフレーズにも。

BACKGROUND

背景と課題

途上国の問題は「遠い国の話」

日本は、政府開発援助(ODA)の世界有数のドナー国(援助提供国)です。にもかかわらず、国際貢献というとどうしても遠く離れた国の出来事として感じてしまう人が大半。開発途上国が抱える多くの課題を一人でも多くの人に知ってもらい、その解決をめざす国際協力の必要性を社会全体で共有することが課題でした。

アイデア

キャッチフレーズを開発

誰もが共感でき、分かりやすい「なんとかしなきゃ!」というキャッチフレーズをコンセプトのコアとしながら、ウェブサイトを基点にして展開。国際協力にはさまざまな分野や課題があり、それぞれに活動している団体や著名人は異なりますが、「なんとかしなきゃ!」という

国際協力 途上国支援

国際機関 著名人
メディア

RESULTS

33000人

ウェブサイトを基点に著名人の「メンバー」が自分の言葉で国際協力を発信している。

同じメッセージでくることで、力をひとつに合わせるかけ声となりました。国際協力を実施するNGOなどのほか、国際協力に関心のある著名人・有識者が「メンバー」として参画し、イベントやホームページを中心にそれぞれの経験やメッセージを発信しています。また、国際協力に賛同する人々に「サポーター」として参加してもらい、「メンバー」の活動を知って感じたことや自分の考え、自分の行動を伝え合い、国際協力への関心、理解、支持、そして行動が波紋のように社会に広がっていくことを目指しています。

結果
「メンバー」「サポーター」から広がる理解

2010年7月にスタート。約100人の「メンバー」、約3万3000人を超える「サポーター」が登録（13年1月末現在）。SNSなども使いながら多彩な発信を続けています。

公募する 15

The Best Job in the World

IDEA　BACKGROUND

「世界で一番魅力的な仕事」というタイトルで
世界中に求人広告を出稿した。

スポットを当てる

背景と課題

有名だけど観光客が来ない

世界的な金融恐慌のあとで、観光業は順風満帆とはいきませんでした。オーストラリアのグレート・バリア・リーフは、世界遺産に登録された自然の驚異ではありますが、そこに存在する島々はあまり知られていませんでした。

アイデア

「世界で一番魅力的な仕事」の担い手を公募

クーンズランド観光局は、人々を引きつけるために、観光プロモーションにありがちな〝青い海と白い砂浜〟といったメッセージだけではなく、「世界で一番魅力的な仕事」を賞品にしました。応募方法は、60秒の応募ビデオをネットで投稿するというユニークなもの。それはまた、世界的に共通する課題、例えば、若者の失業問題や、サンゴ礁の保護といった環境問題にスポットを当てることにも

地域活性化

自治体

RESULTS

この作品はCannes Lions International Advertising Festivalの受賞作品（2009）です。

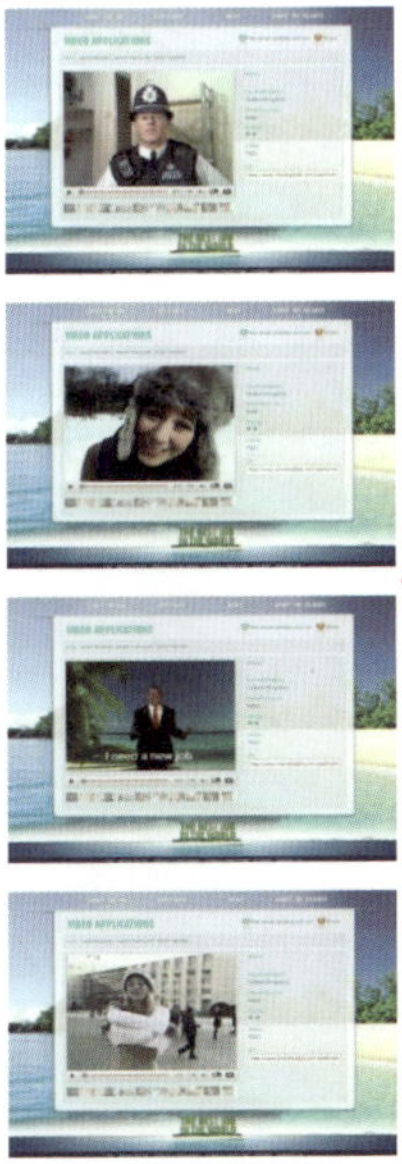

世界中から１分間の
自己PRビデオが寄せられた。

最終的に選ばれたイギリス
人の男性。ガッツポーズ！

なりました。

「世界で一番魅力的な仕事」

職種…無人島の管理人

給与…15万豪ドル、６か月契約

職務…清掃作業、魚の餌付け、郵便の受け取り、調査とレポートの執筆

どなたでも応募可能です。

結果

１００倍以上の費用対効果

８００万人がウェブサイトを訪れ（ページ閲覧者５４００万人）、世界２０１カ国のさまざまな職種の３万４６８４人が応募、多種多様なアイデアの詰まった60秒の応募ビデオが６１０時間分制作され、最終的にはイギリス・ハンプシャー出身の男性が選ばれました。１２０万米ドルのキャンペーン経費でＣＮＮの放送とＢＢＣのドキュメンタリーを含む約１億５０００万米ドル以上（推測）のメディア露出を獲得しました。

コラム 3

エネルギーから社会が変わる

エネルギー

課題

都市化や工業発展が進み、特に第二次世界大戦以降、エネルギー使用量が世界規模で爆発的に増えています。しかし一方で、世界の5人に1人は生活に最低限必要なエネルギーすら得ることのできない環境で暮らしています。化石燃料は何億年もかかってつくられた有限の資源ですが、年々消費が増加し、枯渇が心配されています。またCO_2の排出による地球温暖化への影響、それに伴う海面上昇や洪水、干ばつなどの異常気象、さらにそこから派生する食料不足や環境難民の発生などが懸念されています。日本では東日本大震災後、原子力発電によって発生する放射性廃棄物をどう処分するのかといった問題も注目されるようになりました。

希望

再生可能エネルギーの開発が進むなど、新たな可能性も見えてきています。

太陽光、風力、バイオマス、地熱、波力など、再生可能エネルギーは、エネルギー源の多様化や地球温暖化対策、あるいは分散型エネルギーシステムとしても期待できる貴重なエネルギーです。また、太陽電池を始めとして、積極的な技術開発を進めることは経済活性化にもつながります。住宅用太陽光発電に代表されるように、私たち一人ひとりや地域がエネルギー供給に参加することも可能です。化石燃料などの資源がない日本は、1970年代の2度の石油ショックを経て、省エネで世界をリードしてきました。

DATA

●2011年度は燃料価格高騰の影響もあり輸入総額約68兆円に対して燃料（鉱物性燃料）の輸入総額は**約22兆円**と**約32%**だった。

1960年には58%だった
日本のエネルギー自給率は、
2008年にはわずか**4%**に

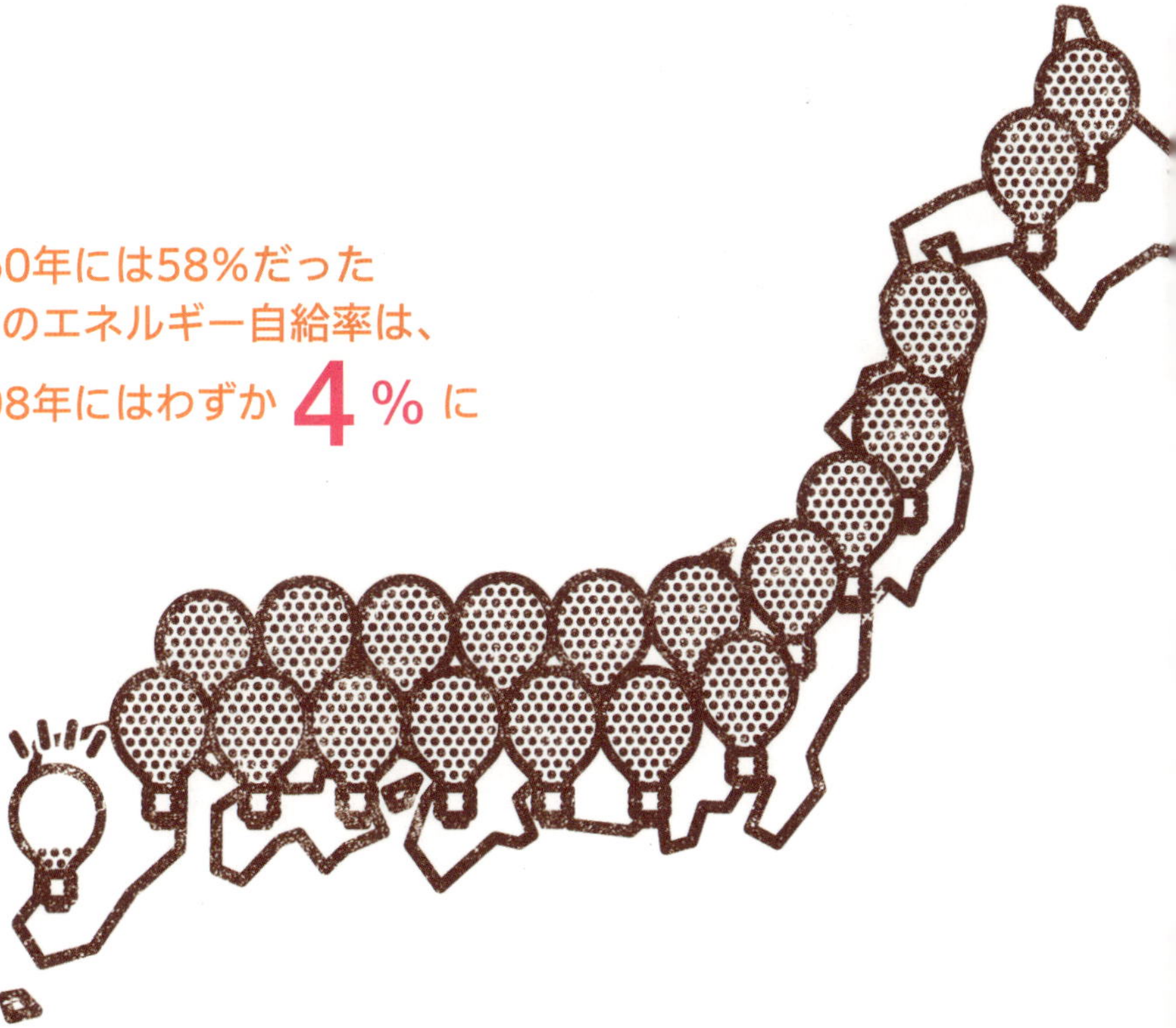

祭りをつくる 16
大地の芸術祭

IDEA　BACKGROUND

過疎化が進む越後妻有の里山で開催される「大地の芸術祭」。
ボランティアが全面的にサポート。
photo：中村脩

背景と課題

合併を機に、過疎地を元気に

新潟県十日町市とその周辺の6つの市町村、越後妻有と呼ばれる地域では過疎化、少子化が進んでいました。そこには限界集落といわれるような地域も含まれていました。平成の大合併を機に、地域の再生と振興のプランが求められていました。

アイデア

地域に溶け込むアート祭を

「大地の芸術祭」は、越後妻有地域の里山を舞台に3年に1度開催される芸術祭。世界中から著名な作家たちが参加し、美しい棚田と里山の広がる自然の中に現代美術作品を設置、点在する作品を見て回るというアートプロジェクトです。2000年のスタート以来、03年、06年、09

☑：課題　👤：解決した人

☑ **地域活性化**

👤 **自治体 著名人 企業**
教育機関 メディア

RESULTS

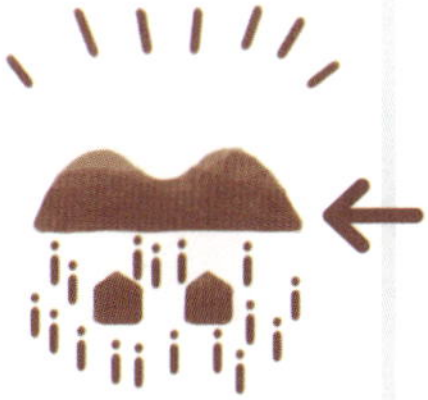

EAT&ART TARO 『妻有フード記』

行武治美 『再構築』

田島征三
『絵本と木の実の美術館』

みかんぐみ＋神奈川大学曽我部研究室 『下条茅葺きの塔』

世界中から著名な作家たちが参加し、自然の中に作品を設置。
自然を楽しみながらアート巡りができる。

年、12年の5回が開催され、現在15年の第6回に向けた準備が進められています。

アーティストが手がけた文化施設は、地域の人々によって運営され、心温まるおもてなしで旅人をお迎えします。アートを巡る道程では、棚田やブナ林、祭りや伝統行事など越後妻有の風土や文化を五感いっぱいに感じることができます。

ボランティアの「こへび隊」は、リーダーも規則もない自主的な組織。日々の作品のメンテナンス、雪掻きや農作業まで、芸術祭に関わるほとんどの活動をサポートしています。

結果

世界最大規模の国際芸術祭に

12年には、約370点の作品が展示され、来場者数は延べ45万人と、世界最大規模となりました。世界でも類をみない規模と質をもった「大地の芸術祭」は、新しい芸術祭のモデルとして、海外の多くのメディアでも紹介され、高い評価を得ています。

曲をつくる　17

ワカバ「あかり」

IDEA　BACKGROUND

ファンの自殺に衝撃を受けたアーティスト、ワカバは、
オリジナルの楽曲「あかり」を制作。

背景

日本の自殺者数は3万人以上

毎年3月、内閣府は自殺対策キャンペーンを実施しています。残念なことに、日本の自殺者は1998年から10年以上連続で毎年3万人以上に上ります。

アイデア

PVで自殺防止の
キャンペーンと寄付を

ワカバは、メンバー3人全員が介護福祉士の資格を持っているユニークなアーティスト。

彼らは2010年春に、ある熱心な女性ファンが自殺したことを知り、悩み、解散まで考えたといいます。そして「生きる力になる歌、生きる知恵になる歌」をつくろう、と3カ月かけて「あかり」

自殺防止

著名人 メディア

RESULTS

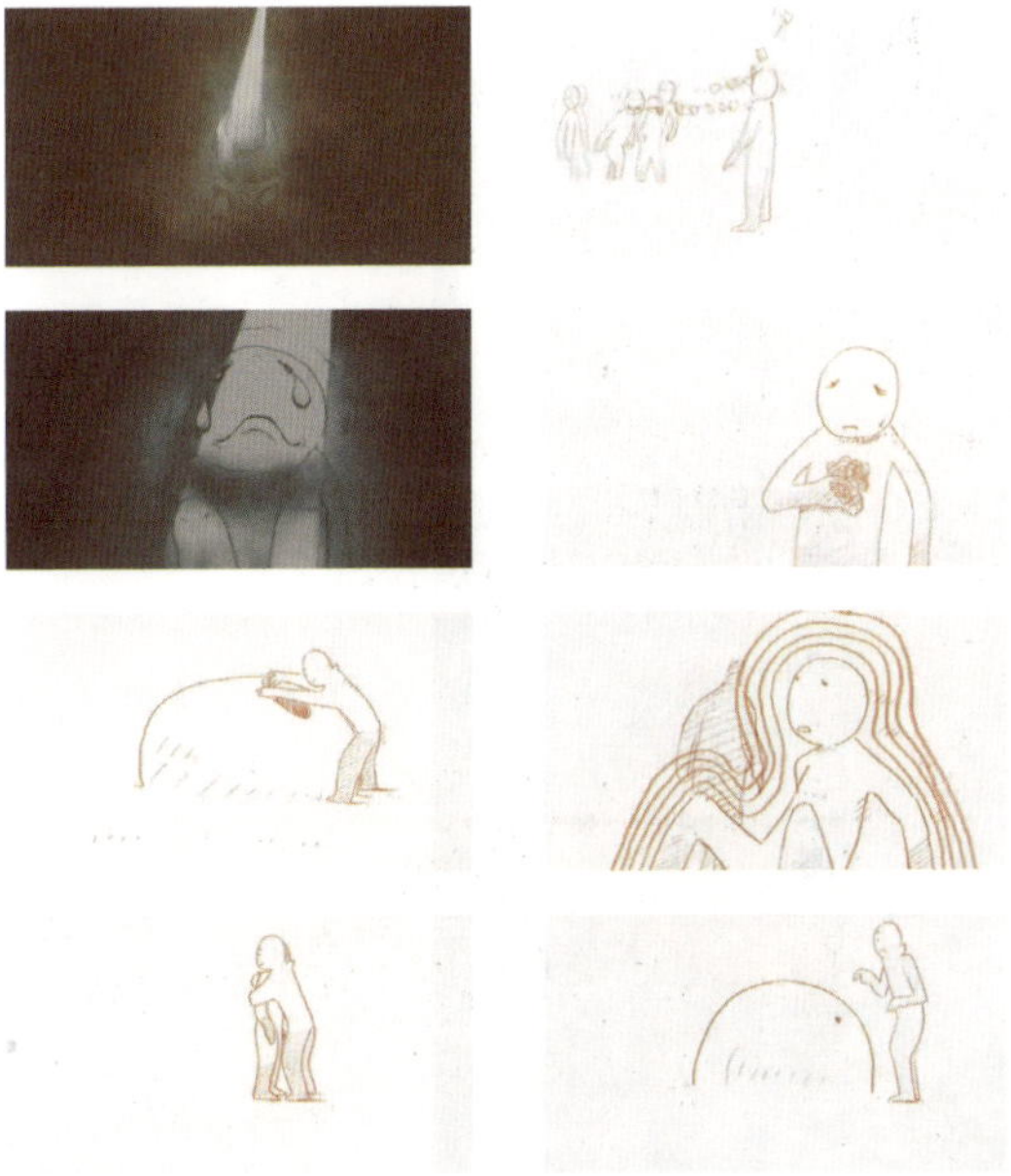

「あかり」のPV。内閣府「いのち支える（自殺対策）プロジェクト」のテーマ曲に。

を完成させました。

11年3月の内閣府『いのち支える（自殺対策）プロジェクト』にキャンペーンソングとして起用されるにあたり、プロモーションビデオを制作。購入代金の一部が寄付される「ドネーションミュージック」として主要配信サイトから販売が開始されました。この配信による収益は流通経費を除く全てが一般社団法人日本いのちの電話連盟、及び特定非営利活動法人国際ビフレンダーズ東京自殺防止センターに寄付されます。

結果

SNSで共有され、寄付は1年間で約14万8000円に

11年3月11日の東日本大震災の後、この曲は被災地への応援歌としても脚光を浴びました。メンバーたちはこの曲について「不器用な僕らなりの応援歌。誰かの生きる力になれたら」と話しています。12年、14年ぶりに日本の自殺者数は3万人を下回りました。

映画をつくる 18

不都合な真実

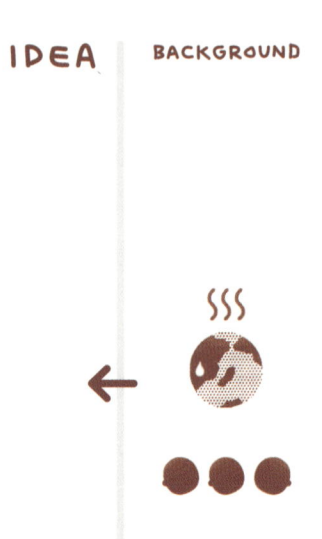

IDEA | BACKGROUND

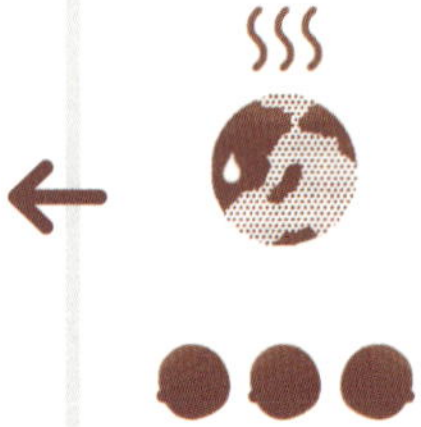

アル・ゴアがライフワークとして行っている、地球温暖化問題を人々に啓発する講演会の内容を映画化。

背景と課題

地球温暖化問題に消極的なアメリカ

アメリカのブッシュ大統領（当時）は「地球温暖化など単なる学問上の仮説で、現実にはそんなことは全く起きていない」という公式見解を出して温暖化を否定し続け、2005年には京都議定書を離脱。アメリカ国内のメディアもほとんどがそれに追従していました。

アイデア

スライド講演を映画に

アル・ゴアは1993年から2001年までアメリカの副大統領であり、00年の大統領選挙でブッシュに破れました。1970年代から地球温暖化問題をライフワークとしており世界中を講演して回

地球温暖化防止

企業 著名人

RESULTS

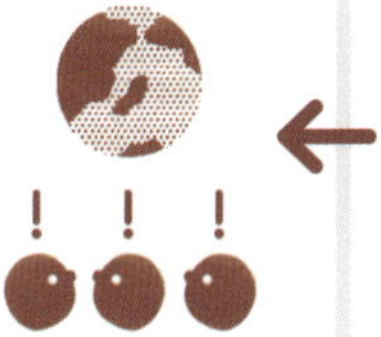

っています。「不都合な真実」は、アル・ゴアのスライド講演の様子を、彼の生い立ちをたどったフィルムを交えつつ構成した06年のドキュメンタリー映画。
　1000回を超える世界各国での講演で、アル・ゴアは、過去の豊富な気象データや、温暖化の影響を受けて衝撃的に変化した自然のフィルムを数多く使いながら、この問題を直視しない政府の姿勢を批判。人々が生活の中で環境を守る努力を続けることの重要さを、自虐ネタも交えながらユーモラスに、しかし真摯に訴えています。

結果
アル・ゴアはノーベル平和賞に

　この映画を見てはじめて地球温暖化問題を知ったアメリカ人も多かったといわれています。第79回アカデミー賞において長編ドキュメンタリー映画賞を受賞、また、この映画のヒットもあって環境問題の啓発に貢献したとしてゴアへのノーベル平和賞授与が決定しました。

19 絵本をつくる

世界がもし100人の村だったら／地雷ではなく花をください／ちいさなロッテ

IDEA

世界を100人の村に例えて現状を知らせる
「世界がもし100人の村だったら」

BACKGROUND

絵本には、子どもたちだけではなく誰にでも分かりやすく、魅力的なかたちでメッセージを届ける力があります。社会の課題も、絵本にすることによってたくさんの人たちの心に届くものとなりました。

世界がもし１００人の村だったら

この物語は、２００１年前後からインターネット上でチェーンメールのように広まりました。世界をひとつの村に例え、人種、経済状態、政治体制、宗教などの差異に関する比率はそのままに、人口だけを１００人に縮小して説明しています。アメリカのドネラ・メドウス教授が１９９０年に発表した「村の現状報告」という文章が元になっているといわれます。

意識喚起

メディア 著名人
NGO

RESULTS

地雷廃絶キャンペーンとしてNGOが作成した
「地雷ではなく花をください」

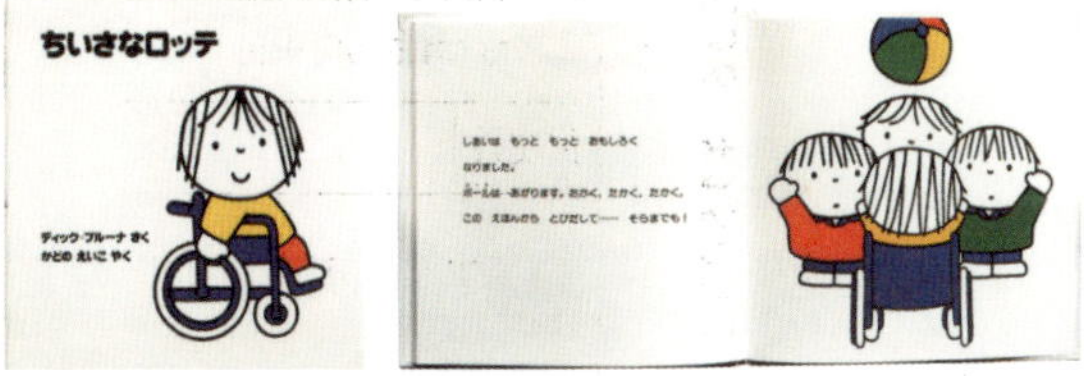

車いすに乗ったロッテが友達と遊ぶ様子を描いた
「ちいさなロッテ」

サニーのおねがい
地雷ではなく花をください

今、地球上に1億1000万個の地雷が埋められ、1日に約70人が犠牲になっています。平和な世界を目指して、うさぎのサニーちゃんが「地雷」について教えてくれます。地雷廃絶キャンペーンとしてNGO「難民を救う会」が作成したこの絵本の収益は、すべて活動に充てられ、1冊で10平方メートルの地雷原がクリアな土地になります。

ちいさなロッテ

「ちいさなロッテ」はシンプルな絵本。車椅子に乗ったロッテが友達と楽しく遊ぶ様子が描かれています。作者のディック・ブルーナは、さまざまな国際団体やNPOのためのポスター、切手、ロゴの制作を通して社会福祉の分野にも貢献。東日本大震災と原発事故に心を痛め、日本の子どもたちを励ますために送ったイラストとメッセージは、静かな反響を呼びました。

ダンスにする 20

世界手洗いダンス

IDEA　BACKGROUND

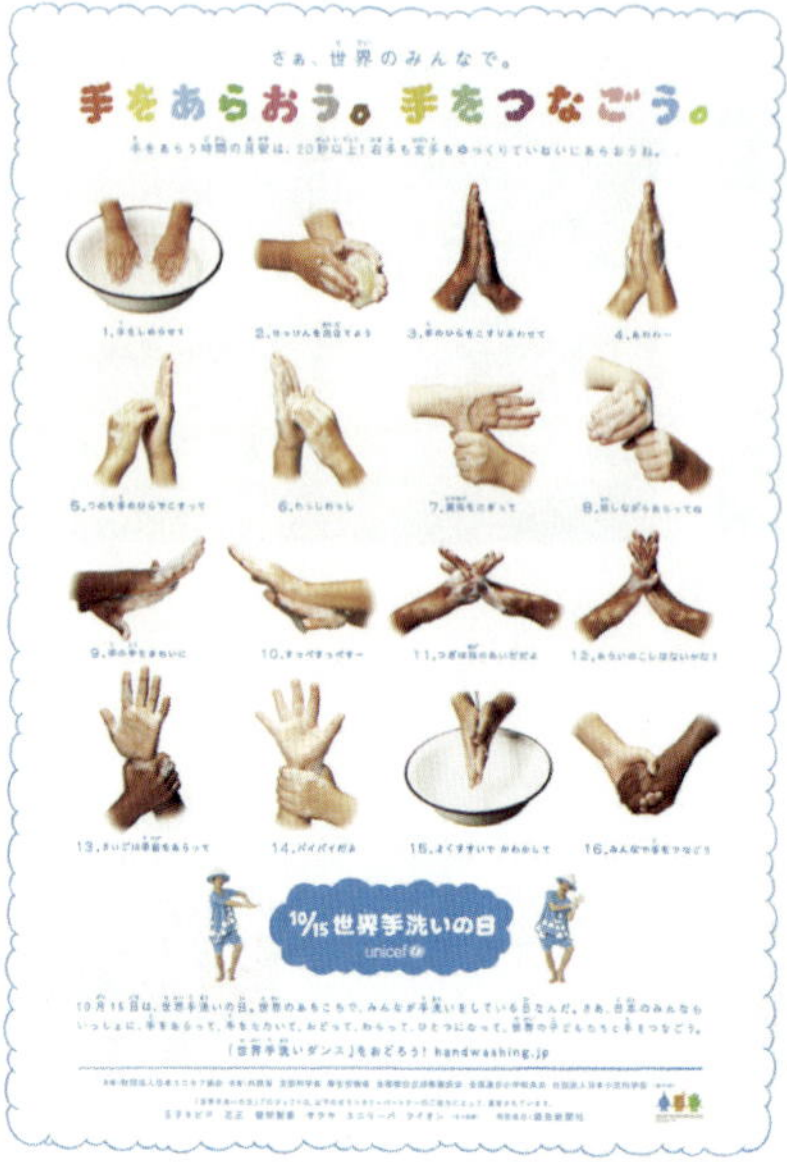

ダンスでせっけんを使った正しい手洗いを啓もうし、
年間100万人の子どもの命を守る。

背景と課題

不衛生な環境が人々のいのちを奪っている

日本では当たり前にある水やトイレ、そして食事……。それらが不足しているために、不衛生な環境や生活習慣を強いられ、下痢や肺炎にかかって命を失う子どもが年間220万人もいます。特に、トイレがない場所では屋外排泄が行われ、紙などがない場合、手で大便に触れることもあり、病気にかかる大きな原因にもなっています。

アイデア

歌とダンスで手洗いを習慣に

もし、せっけんを使った正しい手洗いができれば、年間100万人もの子どもの命が守られ、また、下痢によって学校を休まなければいけない子どもたちが大

☑ 途上国支援 衛生

NGO 著名人

RESULTS

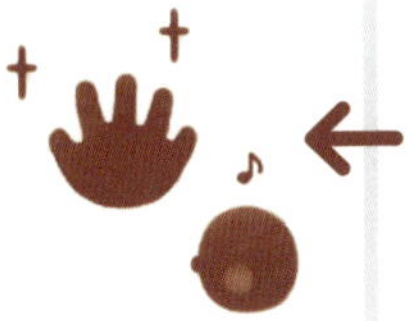

森山開次さんによる振り付けのダンス。
きれいに楽しく正しい手洗いができる。

幅に減るといわれています。

　正しい手洗いを広めるため、国際衛生年であった2008年に、10月15日が「世界手洗いの日」と定められました。

　そこで、日本ユニセフ協会は「世界手洗いダンス」を開発し、子ども向けのトレーニングビデオをつくりました。このビデオに合わせて踊ると、爪や親指の付け根、指の間や手首など、普段洗い忘れがちな部分まで、きれいに楽しく手が洗えます。正しい手洗いを楽しみながら学べるダンスです。

結果

全国に広がる正しい手洗い

　11年には子どもたちに向け「てあらいのがっこう」を開設。被災地でも実施され、正しい手洗いを学びました。12年には小学生108名による手洗いについての実態調査「手洗い白書」を制作。また、毎年各地でイベントも開催。日本中に、正しい手洗いと世界の衛生問題への意識が広がっています。

コラム 4

課題

生命誕生38億年の時間をかけて、いきものたちは豊かな個性を育み、互いにつながり支え合いながらいのちをつないできました。地球上には知られているだけで約3000万種類のいきものがいるといわれていますが、人間活動の影響で、その多くが失われようとしています。効率化を優先した開発や発展のために、1990年以降、世界の農地では75％もの生物多様性が失われているそうです。私たちは食べものや衣服、医薬品やエネルギーなど、生活に必要なものを生物多様性から得ています。生物多様性の危機は人類の危機でもあるのです。

希望

2010年に開催された生物多様性条約の国際会議（COP10：コップテン）では、議長国日本のリーダーシップで生物多様性を守るための20の戦略目標「愛知ターゲット」が採択されました。日本の市民グループの呼びかけをきっかけに

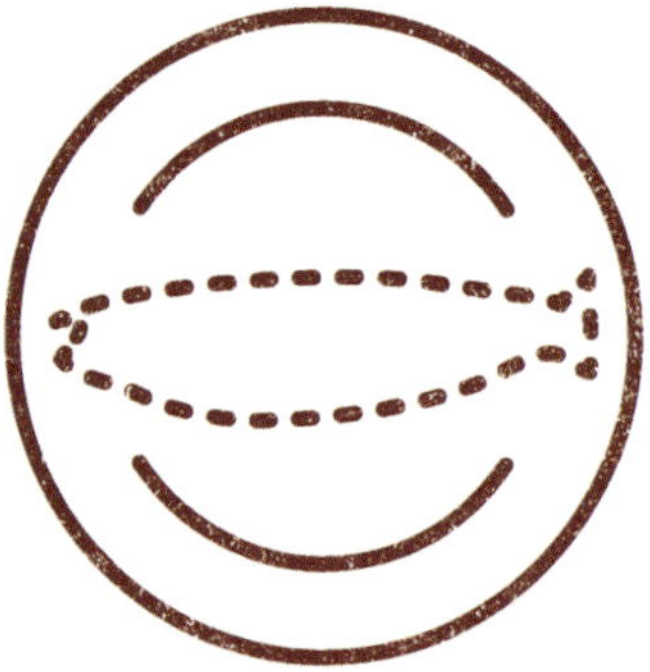

生物多様性を守り いのちのつながりを守る

生物多様性

国連生物多様性の10年が定められるなど、生物多様性を守る上で、日本は主導的な役割を果たしています。二十四節気七十二候など、日本古来の伝統や文化には、自然と共生して暮らす知恵がたくさんあり、日本人の活躍が期待されています。ビジネスの世界でも自然の価値を「自然資本」として数値化し、生物多様性を大切にしようという動きがあります。林業再生や農山漁村の第六次産業の活性化など、地域の生物多様性を活かした事業づくりは、若い世代の人たちからも注目を集めています。

DATA

●生物種の絶滅スピードは人間のいなかった時代の**1000倍**とも言われています。

●両生類の**42%**、鳥類の**40%**で個体種が減少。植物の**23%**が絶滅危機にあり、漁業資源の**14%**が崩壊。サンゴ礁は**2050年までに全滅**するかもしれないと予想されています。

2040年には食卓にあがる魚の2/3が食べられなくなるといわれています

遊べるものにする

メロディーロード

21

IDEA

BACKGROUND

アスファルトに溝を刻み、タイヤが通過すると
音楽を奏でるようにした。精密な設計が必要。

背景と課題

ドライブウエーでは安全運転を

観光地のドライブウエーでは、ついついスピードが出過ぎてしまいがち。法定速度を守って安全にドライブをしてもらう方法はないでしょうか。あわせて観光客誘致、地域おこしにもつながる仕組みであればいうことありませんが。

アイデア

メロディーを奏でる走行音!?

「メロディーロード」とは、アスファルトやコンクリートの舗装路面に溝を刻み、車が通過するときに生じる音の高低で音楽を奏でる道路です。切り込む溝の間隔の違いが音階や音の長さを作り出し、その上を車で走ると車内でメロディーを楽しむことができるのです。メロディーロードの音楽は自動車が法定速度で走行し

☑：課題　👤：解決した人

☑ **交通安全　観光**

👤 **自治体　企業　メディア**

RESULTS

この作品はCannes Lions International Advertising Festivalの受賞作品（2009）です。

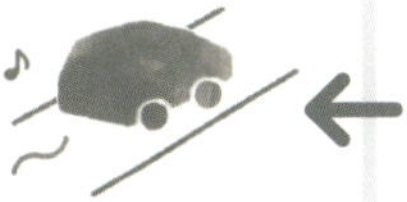

音楽をうまく奏でるためには適正なスピードで走らなければならないため、安全運転になる。

た場合にちょうど良いテンポ、音程で聞こえるようになっています。

メロディーに耳を澄ますことで、法定速度が自然と分かり、その結果、運転手は速度を落とすことにつながります。長野県茅野市「信州ビーナスライン」では、スピードが上がりがちな、渋滞が終わるポイントにメロディーロードを設置することで、交通安全につなげているとか。その地域にゆかりの深い曲や、地域特産品のCM曲、景色にあわせた音楽を採用することで、その場所の思い出にもなり、地域の活性化にも役立ちます。

結果

観光資源としても人気に

メロディーロードは交通安全だけでなく、地域の観光資源としても貢献しています。でも、なにより楽しくて、乗っている人がみんな笑顔になります。同様の道路は全国に次々と施工されており、2013年1月現在、確認できるだけでも25カ所。今後も増えていく予定です。

ファッションにする 22
チャリティーピンキーリング

IDEA

BACKGROUND

800人／日

背景と課題
**妊娠や出産で命を落とす女性、
毎日800人**

世界では毎日、約800人の女性が妊娠や出産が原因で命を落としていることをご存知ですか？

そのうち、約99％が途上国の女性です。しかしこの事実は、ほとんど知られていません。公益財団法人ジョイセフは、途上国の妊産婦と女性の命と健康を守るために活動する日本生まれの国際協力NGOです。国連、国際機関、現地NGOや地域住民と連携し、アジア、アフリカ、中南米で、保健分野における人材養成、プロジェクトを通したさまざまな支援を行い、2011年3月からは、被災地東北でも女性・妊産婦支援を行っています。

アイデア
**ピンキーリングで
問題提起と寄付を**

2011年3月、多くの女の子に途上

- 途上国支援
- NGO

RESULTS

日本の女の子に途上国の女の子の現状を知ってもらうために、
チャリティーピンキーリングを制作。

ピンキーリングひとつにつき100円が、
途上国、もしくは被災地の女の子の支援活動に。

国の女の子の現状を知ってもらうために、「GIRL meets GIRL」をコンセプトにピンキーリングを作りました。ひとつの色は自分のため、もうひとつの色は途上国の女の子のためという意味をこめ、２色重なったデザインで展開。「恋」「健康」「ファッション」「結婚」「出産」など、10種のテーマでつくられています。

チャリティーピンキーリングは、ひとつにつき１００円がジョイセフを通じて、途上国の女の子の支援活動に使われます。

東日本大震災の被災地の女性を支援するために生まれたリング「Ｈｏｐｅ」は、ひとつにつき１００円がジョイセフを通じて、被災地の女の子の支援活動に使われます。

結果

震災復興支援も加わり、支援の輪が広がる

２０１１年３月８日、国際女性デーに販売をスタートして以来、４万個以上を完売し、現在も販売中です。

公開する 23
Connecting Lifelines

IDEA

BACKGROUND

震災翌日、カーナビの走行情報から、
通行の実績のあった道路を一般公開。

背景と課題

震災で被災した道路の状況が分からない

２０１１年3月の東日本大震災の被災地では、地震や津波、原発事故などにより道路は分断されました。その情報を共有する手段がなく、避難する、あるいは救援物資や支援を届ける障害となっていました。

アイデア

カーナビのデータを公開

ホンダは、双方向通信型カーナビゲーションシステム「インターナビ」装着車から収集した走行情報（フローティングカーデータ）を解析し、「通行の実績」のあった道路を抽出。震災後に初めて走行があった道路、24時間以内に通行のなかった道路、継続的に通行がある道路、震災後、刻一刻と変わる通行状況が随時、

緊急支援

企業

RESULTS

この作品はCannes Lions International Festival of Creativity Advertising Festivalの受賞作品（2012）です。

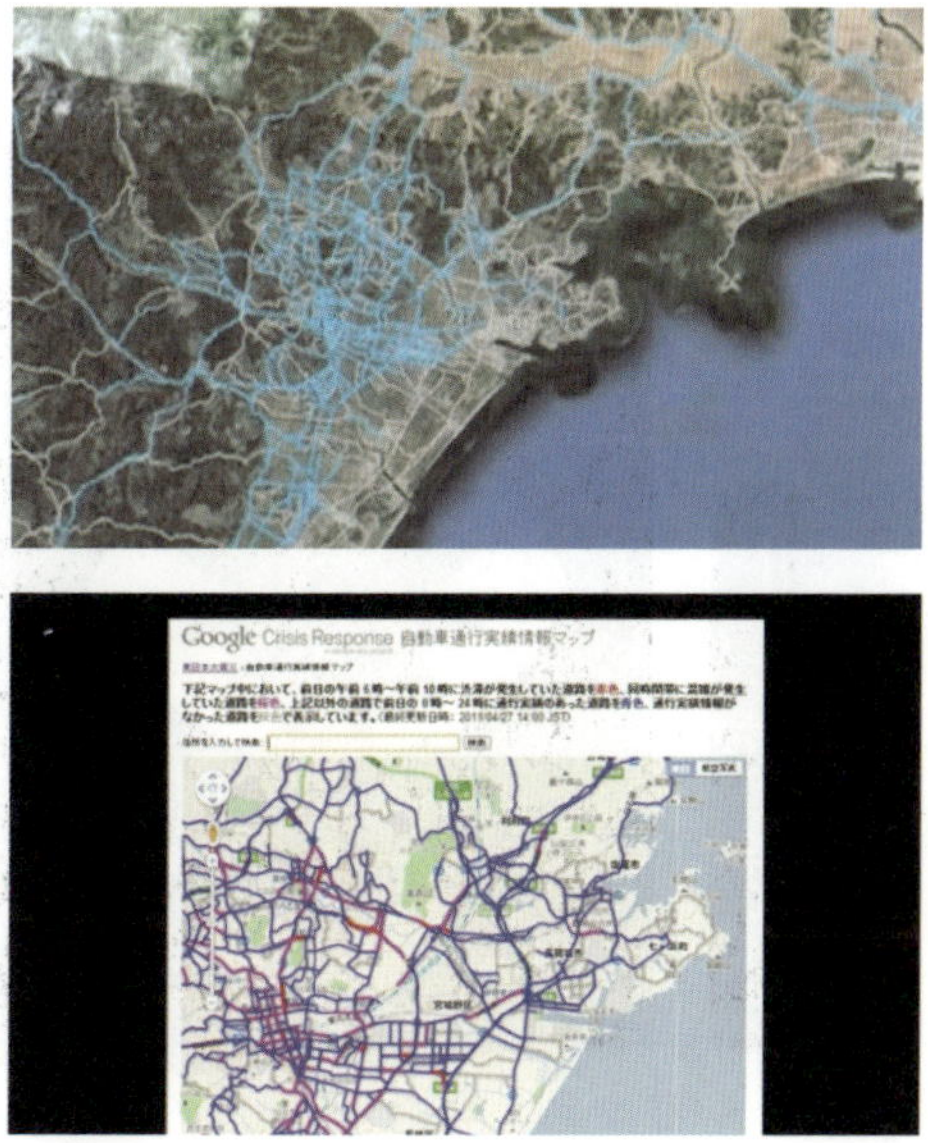

Googleの危機対応マップなどでも、
その情報は役立てられた。

誰でもわかるように地図上へのビジュアライズを行い、「通行実績情報マップ」を作成。インターネット上でデータやGoogle Mapを介して震災の翌日にいち早く情報を一般公開しました。そのときのプレミアムクラブ会員のフローティングカーデータによって、復興に向けて道がつながっていく様子を〝20日間の道の記憶〟として表現した「コネクティング・ライフラインズ」が、世界各国の広告賞を受賞するなど高い評価を獲得しています。

結果

復興だけでなく
企業のブランディングにも貢献

迅速な判断で実施されたこの「通行実績情報マップ」と「コネクティング・ライフラインズ」はSNS上での評価も高く、大きな支持を集めました。安全で確かなモビリティを提供する企業として、ホンダの企業ブランディングにも大きく貢献したといえます。

五感に訴える 24
Support Scent

視覚障かい者にサポートの意思を伝える香水「サポート・セント（サポートの香り）」を開発、寄付付きで発売した。

背景と課題

目の見えない人に、どうやって サポートの意思を伝える？

視覚に障害のある人に対して、サポートの意志を示すためにリボンやピンを身につけたとしても、彼らにそれを認識することはできません。社会は無意識に、視覚障がい者を社会から除外し、孤立させてしまっているのではないでしょうか。

アイデア

サポートの意志を示す 香水を開発、販売

そこでオーストラリアの盲導犬協会はコスメブランド、Ｋｉｔと協働し、「サポート・セント（サポートの香り）」パッケージを開発しました。視覚障がい者宛てにその香りつきの点字レターを送付。そこには「同じ香りの人が近くにいたら、それはあなたを支えている人です」と点

障がい者支援

企業 国際機関

RESULTS

この作品はCannes Lions International Advertising Festivalの受賞作品（2010）です。

大手百貨店など、オーストラリア全国で発売された。

目の見えない人に香り付きの手紙でキャンペーンを告知。

字で書いてありました。つまり、街でこの香水を使用している人に会ったら、視覚障がいの人たちは「私たちはサポートされている」と感じることができるのです。

このユニセックスの香水「サポート・セント」はオーストラリア最大のデパート「MYER」などを通じてオーストラリア全土で、AU$5で発売されました。このキャンペーンは、イベントやテレビCM、屋外ポスターなどたくさんのメディアを使ってリリースされました。

結果

話題化で寄付も支援も増加

この香水のキャンペーンは、イベント、マスメディア、SNSなどで認知が大きく広がりました。キャンペーン開始後、寄付が33%増加。47%もの人が今回のプロジェクトが意味のある慈善事業だと認識し、接した人の79%が今後、視覚障がい者へのさらなる積極的な支援を希望しています。

非常識な使い方をする
Trillion Dollar
25

IDEA　BACKGROUND

コピーは「ムガベのおかげで、この紙幣は壁紙になった」。カラフルなドットに見えるのは紙幣。

新しい価値をつくる

背景と課題

報道の自由の危機

2008年、ムガベ大統領による独裁政権のジンバブエでは、経済政策の失敗によりハイパーインフレが起こり、経済がボロボロになりました。ムガベ政権の八百長選挙や野党つぶし、貧困と病気と経済の破綻の原因となった一部始終を伝えていた新聞「the Zimbabwean Newspaper」は反政府団体と見なされ、所属していたジャーナリストたちは国外追放されました。彼らは国外で発行を続けますが、ムガベ政権は「知る権利は贅沢だ」とでもいわんばかりに、その新聞に55%もの贅沢税をかけ、一般市民は同紙を購入することができなくなりました。

アイデア

紙幣をメディアにする

そこでジャーナリストたちは、記録的

報道の自由

メディア

RESULTS

この作品はCannes Lions International Advertising Festivalの受賞作品（2009）です。

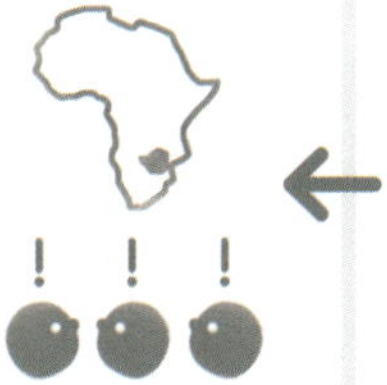

紙幣をポスターとして使用。「紙に刷るより安い」。

紙幣にコピーをプリントしてチラシとして配った。

なインフレで紙くず同然になった実際の紙幣を、経済崩壊の象徴としてビルボードやポスター、ダイレクトメールやチラシなどに使用した広告キャンペーンをイギリスや南アフリカで展開し、ジンバブエの実態を伝える新聞を国外で販売しました。「国を壊滅状態にした政権と戦え」「紙に印刷するよりもこの紙幣に印刷したほうが安い」「2億5000万ドルでもこのポスターを刷る紙が買えない」などのコピーと共に反ムガベ政権の意思をアピールしたのです。

結果

衝撃的なメディアとして、世界にアピール

このキャンペーンは一夜にして話題となり、新聞、ラジオ、テレビの取材が殺到しました。そして数え切れないほどのウェブサイトやブログで共有されていきました。その結果、ヨーロッパやアフリカの国々、そして世界各国でこの事実が広く知られることになりました。

【ソーシャルエンタテインメント】

楽しむことを通じて、社会のためになっていくエンタテインメントのこと。例えば、ダイアログ・イン・ザ・ダークでは“暗やみで、参加者が五感を研ぎ澄ます体験”（＝楽しむこと）を通じて“視覚障がい者の雇用”（＝社会のため）を生み出している。「社会のためだから」とはいえ、遊び過ぎには注意したい。

【シェア】

ふたりの人がいて、ひとつの林檎しかなかったら、ふたりでそれを半分こ。ひとつの椅子があって3人も人がいたら「どうぞ、お先に」と譲り合いながら時間を決めて順番に。方法はいろいろあるけれど、大切なのはひとりじめするのではなく「分かち合う」ということ。これ、シェアの真髄。市場占有率のことをマーケットシェアとかいうけど、分かち合うと、占有すると。同じ「シェア」でもずいぶん違います。

【TED（Technology Entertainment Design）カンファレンス】

「ideas worth spreading（広めるべきアイデア）」というコンセプトのもと、カリフォルニアのモントレーで年に1回開かれている講演会。ビル・ゲイツなど著名人も多数登壇している。2006年に無料動画配信を始めたことで広くその名が知られるようになった。現在は日本語の翻訳付きの動画も多数。

【NGO タリフ】

タリフ、とは料金表のこと。欧米のメディアの中には、NPO を支援するために特別な（格安の）広告料金を設定している場合がある。環境保護、貧困撲滅、人権保護……NPO の活動を広告することは、社会全体の利益につながるわけで、メディア本来の役割にもかなうはず。

【マイクロクレジット（Microcredit）】

通常の銀行からの融資が受けられない貧しい人たち向けの、小口融資のこと。それまでは、法外な金利の違法な高利貸しから借りるしかなかった。1970年代にバングラデシュで生まれたグラミン銀行は、主に女性の個人事業に融資することで、貧困を脱することを可能にし、成功を収めた。お母さんがしっかりしているのはどこの国も同じなのだ。

【クリエイティブ・コモンズ（Creative Commons、以下CC）】

作品や情報をシェアしようとするとき、知的財産権、著作権などが障害になることがある。CCは、著作権を保持しながらも、それをある程度みんなとシェアしてもよい場合のさまざまなライセンスを提供する国際的非営利組織とそのプロジェクトの総称。CCで、MITなどの大学では世界中の人々に授業を公開している。ジルベルト・ジルさんや坂本龍一さんがCCライセンスで発表している楽曲、というのもあるので、お好きな方はジャムセッションもできます。

【ソーシャルキャピタル（Social Capital：社会関係資本）】

ソーシャルキャピタルとは、人と人とのつながりの中にある豊かさのこと。有名人の名刺をいっぱい持っている！ もそうかもしれないけれど、困った時に手を差し伸べてくれる知らない人たちがたくさんいるってことも、然り。

【エコロジカル・フットプリント（Ecological Footprint）】

世界中の人たちが平均的な日本人と同じレベルの生活をすると、地球がなんと2.3個（2008年データ）も必要なのだそうな。人間が自然環境に与える負担の大きさを足跡（フットプリント）で示したこの数字。子どもたちに恥ずかしい足跡をみられないよう、自重したい。

強制する 26

Save as WWF, Save a Tree

IDEA

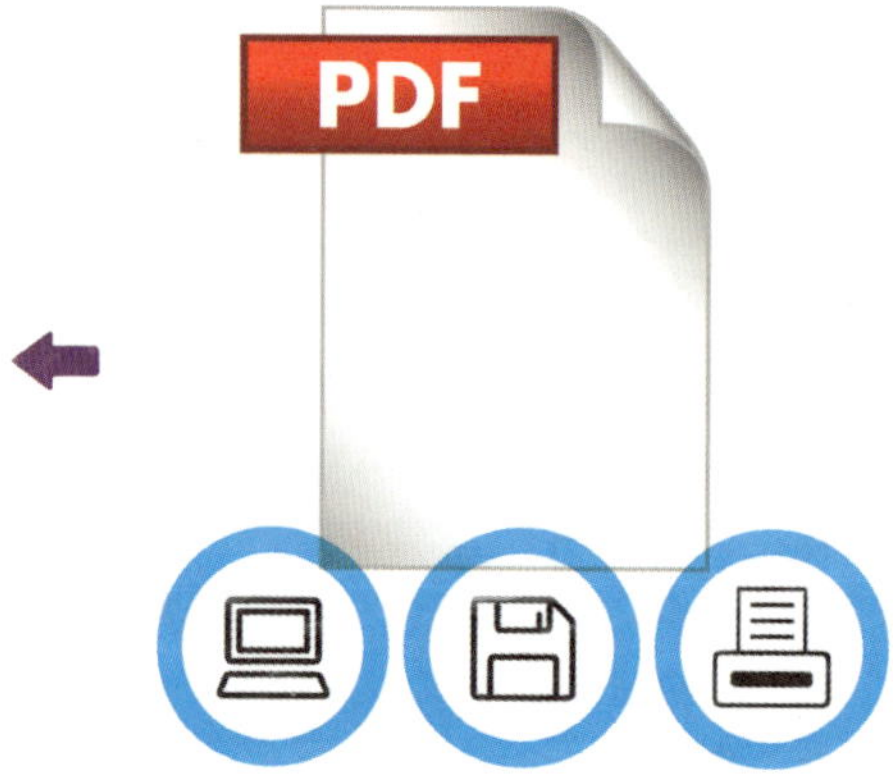

PDFファイルは便利だが、画面上で確認するだけでなくプリントアウトしてしまう人も多い。

BACKGROUND

背景と課題

ペーパーレス化が進んでいない

毎日世界中で、紙をつくるために森の木が切り倒されています。ＩＴによる文書の電子化、オフィスのペーパーレス化が呼びかけられていますが、なかなか進んでいないのが実情ではないでしょうか。プリントアウトして紙で保存する、という習慣を変えるのはなかなか難しいようです。

アイデア

プリントアウトできないファイル形式

環境保護団体「世界自然保護基金（World Wide Fund for Nature、ＷＷＦ）」は、新しい電子文書ファイル形式「.wwf」を開発しました。「.wwf」は、ＰＤＦ形式から印刷機能だけ取り除いたもの。コンピュータ上での閲覧や保存はＰＤＦと同様にできますが、印刷だけが

☑：課題　👤：解決した人

☑ **森林保護**

👤 **NGO**

RESULTS

この作品はCannes Lions International Festival of Creativityの受賞作品（2011）です。

WWFファイルはPDFから印刷機能だけを削除。
プリントアウトできないようにした。

できません。世界中で人々は、ウェブサイトやメール、文書などを何気なく出力していますが、それらは本当に必要なのでしょうか？　無駄なプリントアウトを減らし、木を残し、森を守るために、開発された独自のファイル形式「.wwf」は、WWFのサイトからダウンロードできます。対応ソフトウェアは公式ダウンロードページからプラグインをインストールすれば無料で誰でも利用でき、印刷メニューからWWF形式で保存できるようになります。もちろん、メールに添付して、他のユーザーと共有することもできます。

結果

大きな話題になり、採用企業も

このシンプルながらパワフルなアイデアはウェブサイトやSNSで大きな話題となり193を超える国々の5万3000以上の会社や個人によってダウンロードされました。独ソーラー企業「SUNCYCLE」や金融機関「Triodos Bank」では、WWFファイルを導入しています。

ドッキリを仕掛ける 27

Black Boy Wanting Water

IDEA　BACKGROUND

生放送中に駆け込んできた少年が、キャスターの手元の水を飲み干し、「汚れた水」問題への意識を喚起。

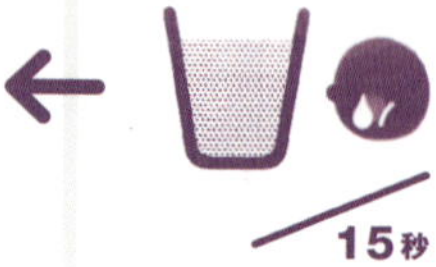

背景と課題

汚れた水が原因で
子どもたちが犠牲に

世界では15秒に1人、水が原因で子どもが亡くなっています。ベルギーの放送局「スタジオ・ブリュッセル」と赤十字が毎年行っている慈善キャンペーンでは飲料水という世界的な問題をテーマに、資金集めを行いました。

アイデア

番組内に黒人少年が乱入、
水を飲む

彼らが注目したのは、このキャンペーンが始まるまで誰も気に留めなかったもの……テレビ番組のスタジオでホストのために置かれている水でした。ゴールデ

人道支援

メディア

RESULTS

この作品はCannes Lions International Advertising Festivalの受賞作品（2008）です。

少年は他の生放送にも登場。ユーチューブでも繰り返し再生され、大きな話題となった。

ンタイムの生放送のテレビ番組の画面に突然黒人少年が乱入し、コップに入った水をグイッと飲み干して去っていきます。ほとんどの出演者たちは驚き、絶句しました。このゲリラキャンペーンは、週末の3日間で実施され、プライムタイムのほとんどの番組にこの少年が登場。「あの黒人の子ども、見た？」と大きな話題になり、ユーチューブやブログに動画が次々にアップされました。そこでスタジオ・ブリュッセルは種明かしをし、寄付を呼び掛けるTVCMを放送しました。

　これは、きれいな水を飲めない世界中の子どもたちにフォーカスしたドキュメンタリー「Dirty Water」を告知するキャンペーンでした。

結果

問題への認知があがり、寄付も集まる

結果は大成功。6日間で335万ユーロ（約3億9000万円）を集めることに成功しました。

28 皮肉な計らいをする
Smoking kids

IDEA　BACKGROUND

街で喫煙している大人のところに、タバコを持った子どもがやってくる。「火を貸して」。

背景と課題
喫煙防止の呼びかけを行動に結びつけたい

多くの国で、そしてタイでも、子どもの喫煙は法律で禁止されています。しかし大人は喫煙が有害なことを知っていながらも、その事実には背を向け喫煙しています。

アイデア
子どもの喫煙から、自分を振り返る

タイでは、子どもたちが間違った行いをしていたら大人がそれを指摘し、ただす、という文化があります。タイのオフィス街や繁華街の路上でタバコを吸っている大人たちのもとに、突然タバコを手にした幼い子どもたちが「ライターを貸してくれ」とやってきます。もちろん、どの大人もライターを貸したりしません。そして子どもたちに、喫煙は悪いことだ、

喫煙防止

NPO

RESULTS

この作品はCannes Lions International Festival of Creativityの受賞作品（2012）です。

喫煙の害を説く大人に、「なぜ自分のことは心配しないの」と書かれた手紙を残して子どもは立ち去る。

有害なことだと諭します。「煙草を吸うと早死にするぞ」「肺がんになるわ」。すると子どもたちは自分の健康を心配してくれた大人たちに手紙を渡して立ち去ります。そこにはこんなメッセージが。

「あなたは僕のことを心配してくれるのに、なぜ自分のことは心配しないの？」

ほとんどすべての大人が、その手紙を見て吸っていた煙草を捨てました。手紙を捨てた人はいませんでした。

このキャンペーンは、リアルな禁煙へのメッセージを喫煙している本人に認識させるという、禁煙のための最も効果的な方法でもありました。

結果

禁煙のための問い合わせが増加

タイ保険振興財団のこの動画は、SNSで大きな話題となりました。ユーチューブでは最初の3日間で60万回再生されました。煙草をやめたいという喫煙者からの電話での問い合わせが、40％増加しました。

逆転させる 29
The speed camera lottery

IDEA

BACKGROUND

通行する車のスピードをカメラがチェックし、
制限速度を守っている車に賞金が当たるという仕組み。

実際にストックホルムに設置された表示板。
賞金が当たるとあって、ドライバーも数字が気になる。

背景と課題

フォルクスワーゲンの哲学で社会をよくする

『The Fun Theory』。それは、「人間は、楽しいと感じれば、自ら進んで行動を変えていく」というフォルクスワーゲン(VW)の哲学に基づいた理論です。VWは、環境に対する人々の意識や行動を変え、社会のさまざまな問題を解決し、よりよい社会環境を実現しようと、この理論を形にするアイデア募集コンテストを実施しました。

アイデア

安全運転で宝くじの賞金が当たる

応募総数700作から選ばれたのは、スピードカメラロッタリー。これは、制

交通安全

企業 政府機関

RESULTS

この作品はCannes Lions International Festival of Creativityの受賞作品（2011）です。

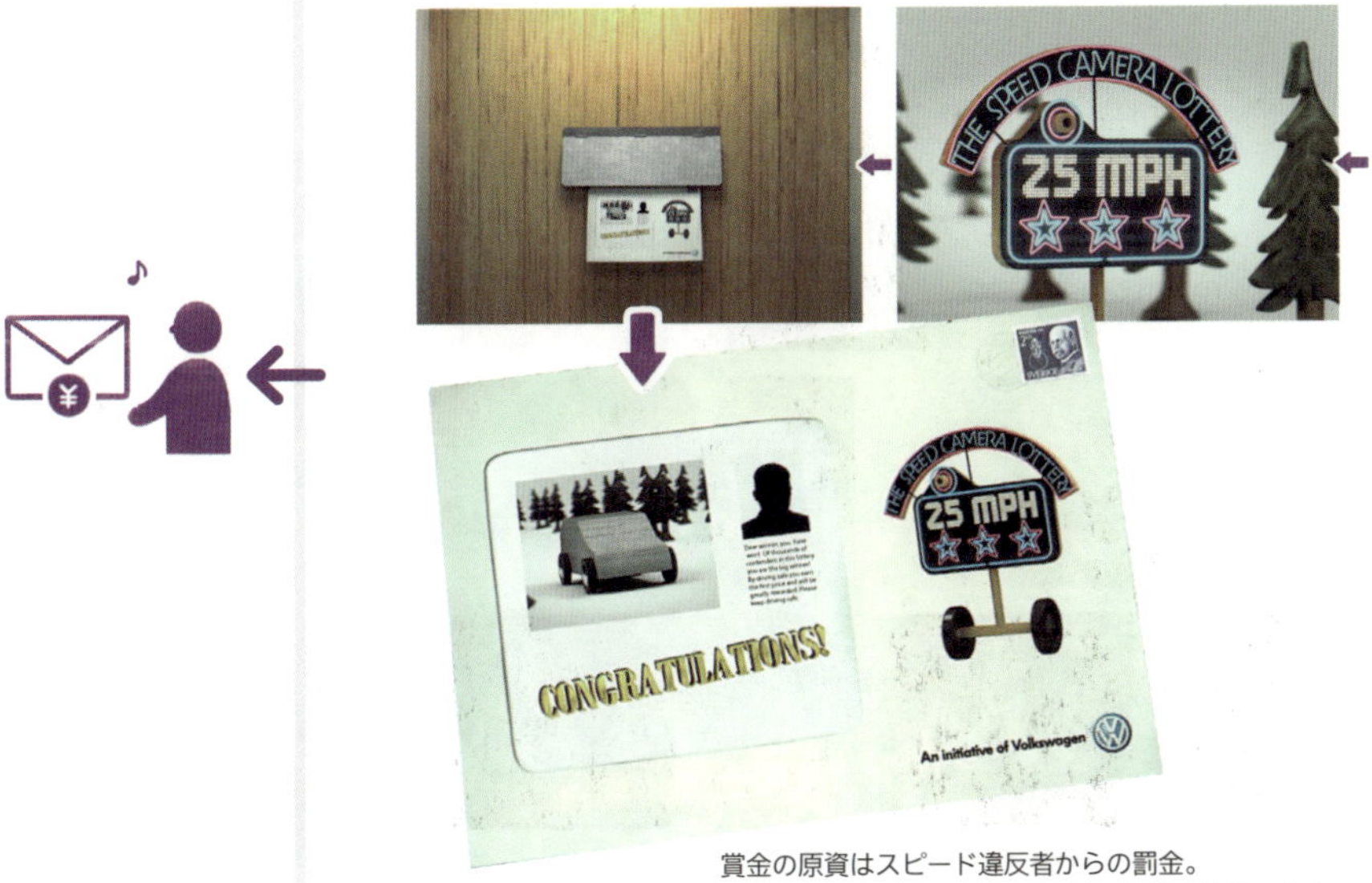

賞金の原資はスピード違反者からの罰金。
この仕組みを実施した結果、事故の減少が報告された。

限速度を守った車の運転手に抽選で宝くじが当たるというもので、ゲーム感覚で安全運転を心掛けるように誘導する仕掛けです。VWはスウェーデン道路交通協会（NTF）と協力し、スウェーデン国内6カ所で試験的な実施を行いました。

いうまでもなく通常は、スピード違反を取り締まるためにカメラが設置されているわけですが、このアイデアでは、その使い方を逆転。制限速度を守って走行した車に抽選で宝くじの賞金を出しました。賞金の原資は、制限速度違反の車から徴収した罰金です。

結果

事故が減少、販売も好調に

実施の結果、カメラを取り付けた道路を通行する車の平均速度は8％、事故の件数も16％減少しました。重大な事故に限れば24％、死亡事故は32％減りました。このコンテストの最終的な目的であるVWの販売台数もアップ。まさにWin Winの結果となりました。

置き換える 30
Coordown

IDEA | BACKGROUND

通常のTVCM。国内外の有名企業５社がキャンペーンに
協力、CMに別バージョンを用意した。

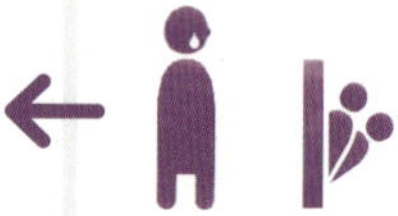

背景と課題

世界ダウン症の日が制定される

国際ダウン症支援組織ＤＳＩが提案した「世界ダウン症の日」が国際連合の定める記念日に認証され、２０１２年３月21日がその第1回目でした。ダウン症の人々は大学も卒業できるし、働けるし、スポーツだってできます。彼らへの偏見、特に職場での偏見をなくすには、どうしたらいいのでしょうか。

アイデア

いつものCMが特別バージョンに

はじめての世界ダウン症の日、ダウン症の人々の社会環境や就労状況などへのメッセージを込めて、イタリアでキャンペーンが展開されました。ダウン症サポート団体「クールダウン（COORDOWN）」

障がい者支援

NPO 企業

RESULTS

この作品はCannes Lions International Festival of Creativityの受賞作品（2012）です。

世界ダウン症の日に限定オンエアされた特別バージョン。ダウン症の人に入れ替わっている。

と国内外の有名企業5社（Cartasi-カード、illy-コーヒー、AVERNA-アルコール、トヨタ、P&G）がコラボ。既存のテレビCMに登場しているメインの俳優やタレントの役をダウン症の人が演じる別バージョンを制作し、3月21日に特別バージョンとして公開したのです。この他にも、プリント広告やイタリアで最も有名なテレビ番組でも同様に出演者がダウン症の人に代わったバージョンがリリースされました。

結果

イタリアの3人に1人に届く

このキャンペーンは人々に「人と違うのは、ごく当たり前のこと」というメッセージを届けました。このキャンペーンは広告費に換算して550万ユーロ（約63億円）の価値を生み、イタリアの総人口の3分の1にあたる1800万人に届きました。そしてなによりも、関心を持つ企業からクールダウンに寄せられた問い合わせは6倍になりました。

多様な個性を尊重する社会へ

ダイバーシティ

2040年、日本人の（3人に1人）が
65歳以上の高齢者になります

課題

ダイバーシティ（多様性）とは、「年齢」「障がい」「性別」「性的指向」「国籍」「人種」「民族」「宗教」「文化」などをはじめとする〝違い〟を差別することなく、豊かな〝個性〟として尊重し活かしていく社会概念のこと。日本では、女性活用が主なテーマとされてきました。そのほか、高齢者比率の増加に伴う加齢障がいや世代間格差、さまざまな障がいを持った人たちを助けるアクセシビリティの向上、外国人との多文化共生など、課題は数知れず。先進国の中で最も早く高齢化が進む日本にとって、ダイバーシティは大きな社会テーマといえるでしょう。

希望

多くのグローバル企業でダイバーシティを経営の重点課題にする動きが広がっています。２０１２年に東京で行われた

ＩＭＦ・世界銀行年次総会で、ＩＭＦのラガルド専務理事は、「日本は女性の雇用をさらに高めることでＧＤＰが約５％向上する」と訴えました。また、高齢者や障がい者がデザイン開発に参加することで、私たちの暮らしにイノベーションをもたらす〝インクルーシブデザイン〟という手法も注目されています。アメリカではオバマ大統領が同性婚を支持したことで、ＬＧＢＴ＊の方たちに勇気を与えました。加速するダイバーシティ社会＝多様化する社会にむけた、それぞれの〝個性〟を活かしていくチャレンジが世界的に進んでいるようです。

ＤＡＴＡ

- ジェンダーギャップ指数（男女格差）ランキングで、日本は**１３５カ国中１０１位**という低い順位。
- 日本人のおよそ**５％**が、何らかの障害を有しているといわれています。
- 日本におけるＬＧＢＴの推定人口割合は**５・２％**と発表されました。

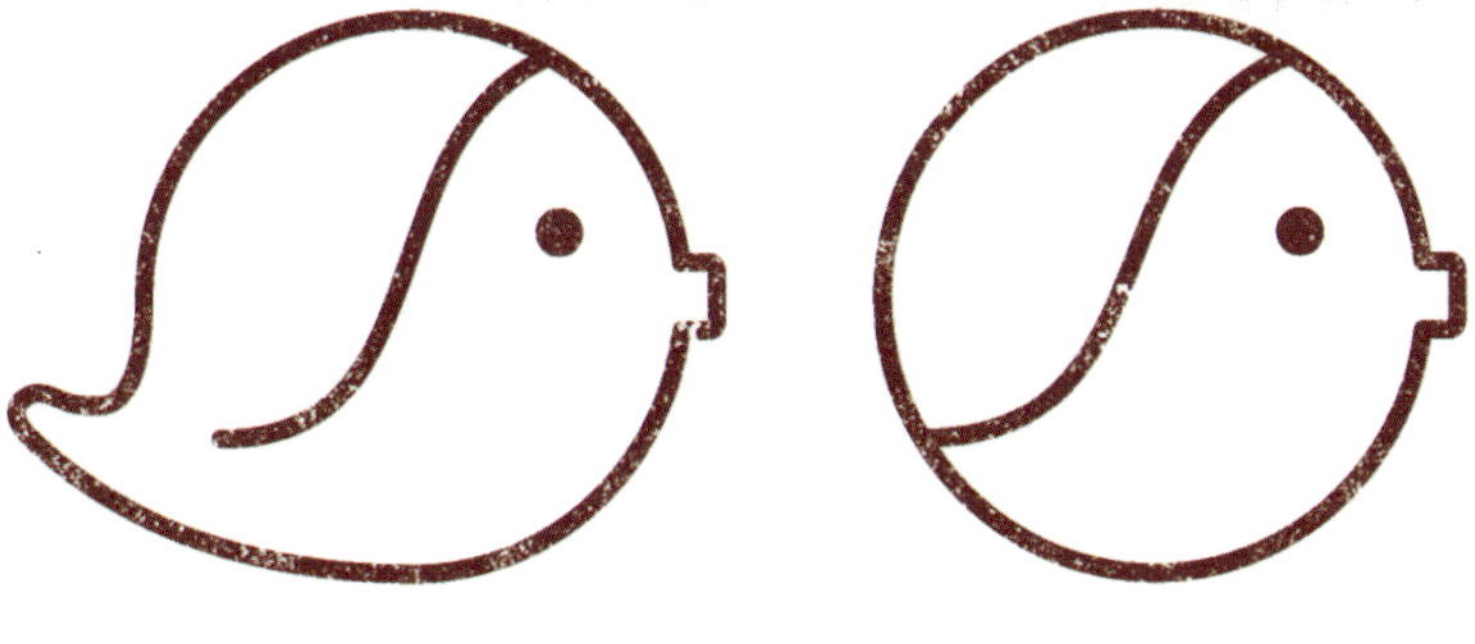

＊　LGBTとは、レズビアン（Lesbian）、ゲイ（Gay）、バイセクシュアル（Bisexual）、トランスジェンダー（Transgender）、それぞれの頭文字をとった、セクシュアル・マイノリティ（性的少数者）を総称する言葉。

有料化する　31
STORE＋

IDEA　BACKGROUND

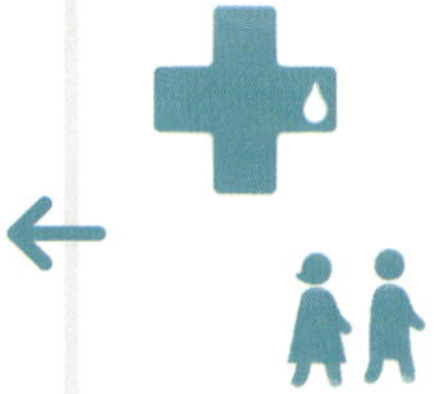

クリスマスシーズン限定で、
ショッピングモールに赤十字のお店がオープン。

背景と課題

無関心層へのアプローチ

毎年のクリスマスシーズンは、恵まれない人々への寄付を呼びかけるシーズンでもあります。普段関心を持たない人たちに、恵まれない人々のことを考えてもらい、参加を呼びかける方法はあるのでしょうか。

アイデア

寄付という行為を商品化

ポルトガル赤十字による、クリスマスの寄付を募るためのキャンペーン。それは、みんなが買い物をするこのシーズンに本物の「希望」を売るショップを開くことでした。そこでは物質的な、具体的な商品であるかのように「希望」を販売しました。それは、音を聞くことも、触

☑：課題　人：解決した人

人道支援

NPO

RESULTS

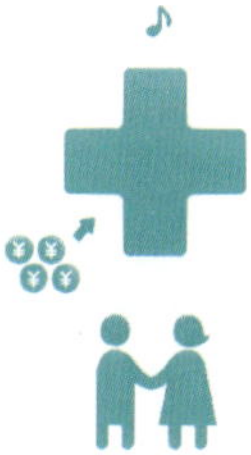

この作品はCannes Lions International Advertising Festivalの受賞作品（2009）です。

販売している商品は「希望」と名付けられているが、
パッケージの中には何も入っていない。

ることも、着ることも、目で見ることもできません。でも、感じることができます。赤十字はこの店を、リスボンの最も人気のあるショッピングモールに出店しました。窓、フィッティングルーム、ディスプレイ、ハンガー、いろんなサイズ、レジ、販売員……ほとんど他の店と変わりません。でも売っているものが違うのです。店を出ると、人々は手の中が空っぽであると気付きます。でも、心は満たされているのです。

結果

世界中の赤十字に展開

通常の寄付をお願いするメッセージの代わりに、希望を売る店を出すというユニークな方法を使ったこのキャンペーンは、大きな成果を上げました。モールの中でトップ10の売上を記録、ポルトガル赤十字はこれまでにない注目を集めました。反響が大きく、営業時間も、閉店の期日も延長。今後、同様の取り組みが世界中の赤十字に広がっていく予定です。

集合させる　32

東北六魂祭

IDEA

山形花笠まつり

青森ねぶた祭

仙台七夕まつり

秋田竿燈まつり

福島わらじまつり

盛岡さんさ踊り

東北の６つの県それぞれを代表する夏祭りが
一堂に会して、元気を発信、復興を願う。

BACKGROUND

背景

震災で、
東北には大きなダメージが

２０１１年3月11日。東日本大震災と、引き続いて起こった原発事故、そしてそこから引き起こされた風評被害などにより、東北6県は大きなダメージを受けました。自粛ムードで、花見や祭、イベントの中止が次々に発表される中、被災地を支援するためには経済の活性化が必要でした。東北の人々を勇気づけ、日本中から元気を届け、復興を後押しする企画が求められていました。

アイデア

東北各県の夏祭りを、
ひとつにまとめて

東北六魂祭は、東日本大震災により犠牲となった多くの魂を弔い、東北の元気を発信し、復興へののろしをあげるため

震災復興

自治体 企業 メディア

RESULTS

この作品はCannes Lions International Festival of Creativityの受賞作品（2012）です。

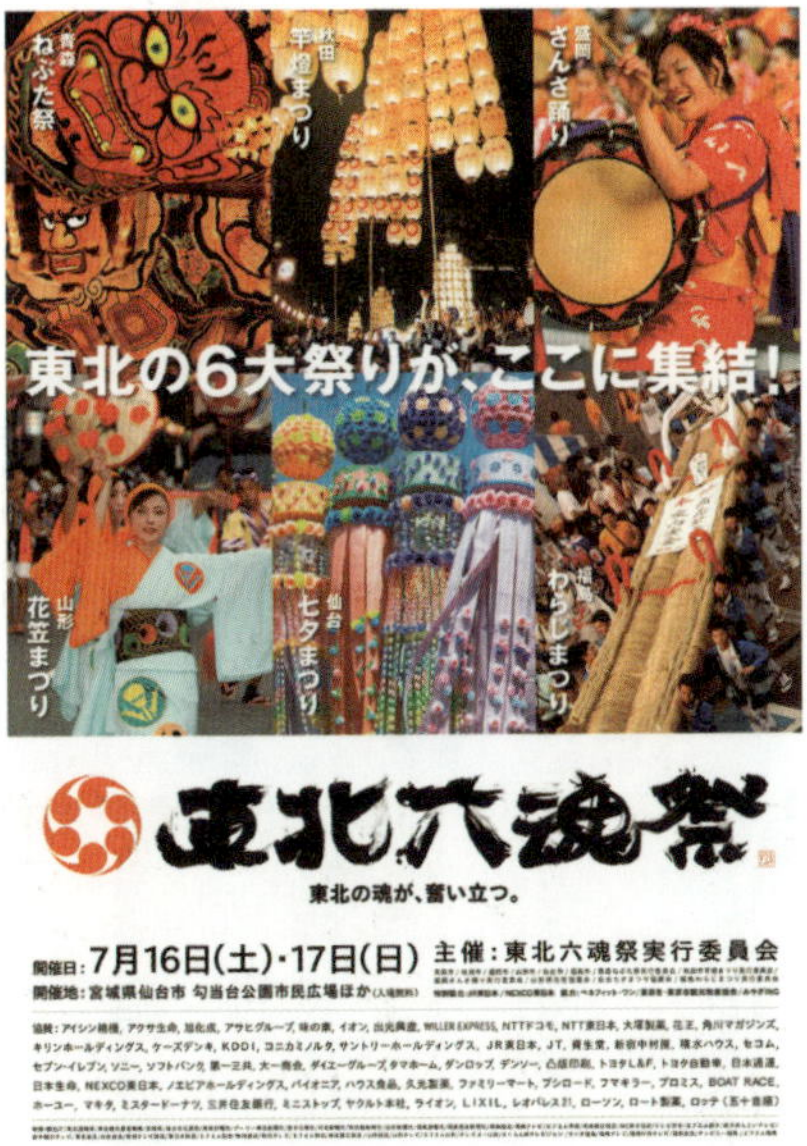

毎年会場を変えて開催。第１回は仙台、第２回は盛岡、第３回は福島の予定。

に開催されることになった祭りです。「東北夏祭りネットワーク」（現・東北まつりネットワーク）の初期会員である、東北6県の各県庁所在地の代表的な6つの夏祭り（青森ねぶた祭、秋田竿燈まつり、盛岡さんさ踊り、山形花笠まつり、仙台七夕まつり、福島わらじまつり）が参加しています。メインイベントは「6大祭りパレード」で、ねぶたの山車、さんさ踊り、七夕飾り、竿燈妙技、花笠音頭、大草鞋など、見どころ満載。震災復興に東北一丸となって取り組む姿や、東北の元気を国内外に広くアピールします。

結果

復興はつづく。魂も、つづく

東北6大祭りが一堂に会するという東北最大規模の祭りで、11年7月、宮城県・仙台市で行われた第1回目には、2日間でおよそ36万人の来場者を記録しました。12年は岩手県・盛岡市で開催され、およそ24万人の来場者を記録。13年は福島県・福島市での開催が決定しました。

社会貢献の仕組みにのせる

33

1L for 10L

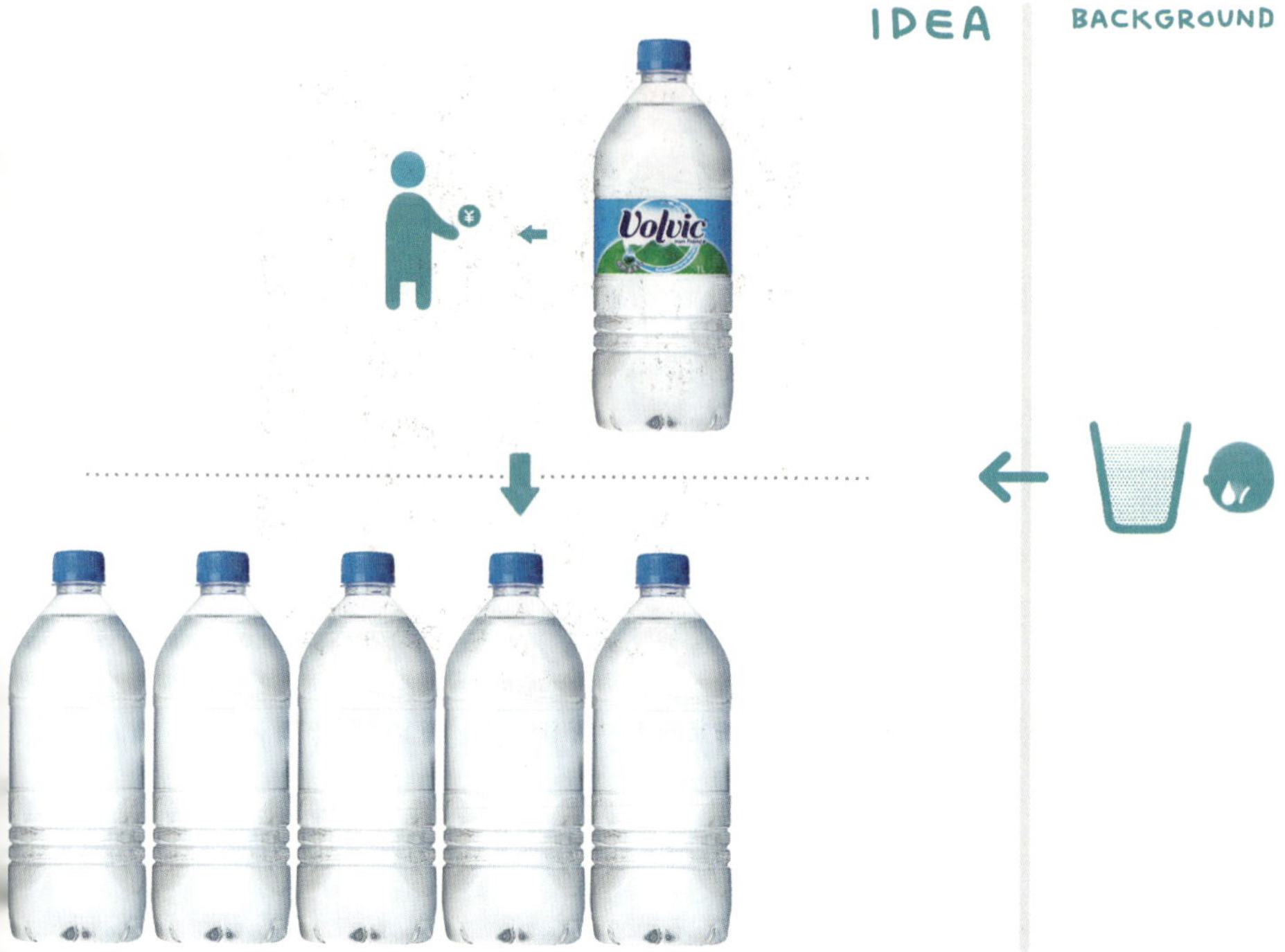

背景

アフリカの子どもたちに清潔で安全な水を！

マリ共和国では、清潔で安全な水を利用できる人が農村部では約2・2人に1人。半数以上の人は沼や池などの水、人手で掘った浅い井戸の水を使用して生活しています。これらの不衛生な水は、下痢やメジナ虫病、コレラやトラコーマ（慢性結膜炎）を引き起こし、子どもたちの命を危険にさらします。5歳未満児死亡率が、出生1000人あたり178人（世界で2番目）と高いマリでは、清潔で安全な水さえあれば予防できる下痢が、子どもの死亡原因の3番目、約18％を占めています。

アイデア

1リットルで10リットルを寄付

ボルヴィックは1リットルの購入ごと

途上国支援

企業 国際機関

RESULTS

ボルヴィックの水を1リットル購入すると、アフリカに10リットルの水が届く。非常に明快な仕組み。

に、アフリカ、マリ共和国に清潔で安全な水を10リットル提供する、というキャンペーンを実施しました。

　キャンペーン期間中に寄付された売上の一部は、ユニセフによって井戸作りやその後の10年間のメンテナンス資金として活用され、子どもたちとコミュニティが清潔で安全な水へアクセスできることを目指します。

結果

衛生的で健康な生活が浸透中

　２０１１年までの5年間の取り組みで、33億４０９７万リットルの支援が実現。手押しポンプ付の深井戸52基が新設されたほか、故障していた井戸１０６基が修復され、人口が多い村にはソーラーパネルを利用して水をくみあげる給水設備が6施設つくられました。

　また、支援地域の修理工に井戸のメンテナンス法を指導するなど継続して井戸を利用できるような支援が行われています。

習慣化する 34

カケアガレ！日本

IDEA　BACKGROUND

避難訓練を地域のお祭りのような恒例イベントに。

臨時避難所として開放された自動車専用道路に駆け上がる。

カケアガレ!日本
地域を元気にする津波防災アクション

背景と課題

生かされなかった古い教訓

宮城県や岩手県の沿岸部では、江戸時代や明治時代に大きな津波被害があり、「ここより下に家を建てるな」と注意を呼びかける石碑が残っていました。しかしその教訓が生かされなかった地域も多く、2011年の東日本大震災では、再び津波で大きな被害を受けてしまいました。世界でも有数の地震大国といわれる日本。現在各地で、巨大地震とそれに伴う津波も心配されています。

アイデア

石碑ではなく習慣を残す

「カケアガレ!日本」は、津波からの避難を、石碑ではなく、習慣にして残していこう、というコンセプトで生まれました。津波が発生したとき、どこへどのよ

震災復興

自治体 教育機関
メディア 企業

RESULTS

自衛隊や婦人会の炊き出しでお祭りムードに。

避難先の体育館で地域の祭り（防災フェア）。

うに逃げればいいのか、実際にみんなで避難場所まで駆け上がってみる。そしてそれを、楽しみながら参加できる祭として地域の恒例行事にして、習慣化していこうというものです。

12年9月、震災翌年の防災の日。震災時に面積の約48パーセントが浸水した宮城県岩沼市にて、津波の被害を防ぐための新しい習慣づくりがはじまりました。陸上自衛隊や地域の婦人会もこのプロジェクトを支援し、参加者に炊き出しをふるまいました。訓練後は体育館にて、災害グッズの販売やPRが行われ、避難を終えた住民たちはお祭りのように盛り上がりました。

結果

継続的に習慣化する取り組みを

この様子は新聞に取り上げられ、新しい防災の取り組みとして紹介されました。日本中、世界中の津波被害が想定される地域にひろげていくべく、取り組みが続けられています。

ワンアクションを提案する 35
ライトダウン

IDEA　BACKGROUND

Licensed by TOKYO TOWER

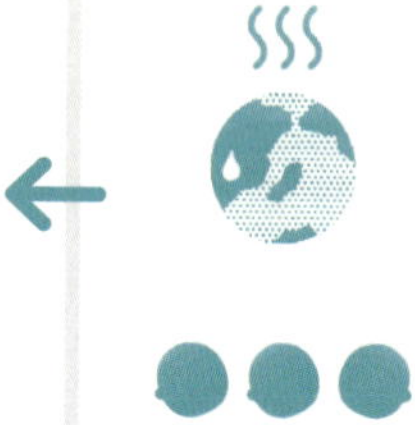

地球温暖化問題を意識してもらうため、「電気を消す」というワンアクションを提案。東京タワーも消灯。

背景と課題
地球温暖化問題にもっと関心を

2000年代初め、日本の多くの人々は、地球温暖化について懐疑的で、人ごとだと考えていました。人々に温暖化問題に関心を持ってもらうにはどうしたらいいのでしょうか。

アイデア
誰でも参加できる「消灯」というアクション

「ライトダウン」とは、照明を消し、キャンドル（ろうそく）を灯して過ごそうという、スローライフ運動のひとつ。夏至・冬至の、夜8時から10時の2時間、みんなで一斉に電気を消すイベントです。環境省や自治体の知事、著名人らも賛同。03年の夏至（同年6月22日）、第1回目のイベントが行われました。産・官・民

ライフスタイル 節電

NGO 行政 著名人
企業 メディア

RESULTS

CO_2
−717t

2004年には女優の宮崎あおいさんがポスターに出演し、
さらに多くの人たちの関心を集めた。

が一体となって日本各地でもこれに合わせ、さまざまなイベントが実施されました。夏至と冬至が選ばれたのは、特定の国の記念日ではない、世界共通の日であるためです。簡単に、誰でも参加できて、ちょっぴりロマンチックなアクションです。

結果
夏至の恒例行事に

その後も実行委員がホームページなどで呼びかけをし、各地のイベントはさまざまな運営主体で自発的に行われています。12年には10周年を迎えました。夏至のライトダウンにはオープンしたばかりの東京スカイツリーをはじめ、東京タワーや通天閣など全国1万6648カ所が、七夕のライトダウンでは1万7160カ所が一斉にライトダウンに参加。あわせて3万3808カ所、約174万kWhの消費電力量、約717tのCO_2（約5万5000世帯の一日あたりのCO_2排出量に相当）が削減されました。

キーワード 1

【コーズリレーテッドマーケティング（Cause-related marketing）】

商品やサービスに、社会貢献への寄付をつけることによって購買やイメージアップに結びつけようとするマーケティングの手法のひとつ。とはいえ、貧困撲滅のために！　環境保護のために！　と無駄に大量消費してしまわないように気をつけよう。

【チェンジメーカー・社会起業家】

チェンジをつくる人・変革者。ビジネスを通じて社会の課題を解決する人（社会起業家）。社会をよりよい場所に変えたいという、確とした信念と情熱を持った人を指す言葉で、「昨日はああいったけど、やっぱりこうして！」……みたいな気まぐれなチェンジ好きとは違いますので、誤解なきよう。

【国民総幸福量（GDH：Gross Domestic Happiness）】

「国民全体の幸福度」を測る尺度のこと。幸せは物質的なものだけでは測れない、精神的な部分が大切だよね、というブータンの人たちの哲学が反映されたもの。これまでの国民総生産（GDP：Gross Domestic Product）では幸せは測れなかった価値を測るものとして、とっても注目を集めています。

【ローカリゼーション】

多国籍大企業が主役のグローバリゼーションに対して、地元の企業や小さなビジネス、農家など、地産地消的な取り組みを応援するのがローカリゼーション。食べる人、使う人とつくる人が近くにいて、お互いの顔が見えていたら、環境を壊したり働く人を搾取したり体に悪い農薬を使ったり、なんてことは起きにくくなる。

第5章

ソーシャルデザインを生きる人

社会に希望を与えるプロジェクトをつくり、
動かしている人たちをクローズアップし、その素顔と
ソーシャルデザインの視点を紹介していきます。

井上雄彦

自分以外の何かに、なろうとしなくていい

スポーツ漫画の金字塔『スラムダンク』、宮本武蔵の生き様を描いた『バガボンド』、そして車椅子バスケの世界を表現する『リアル』。漫画家井上雄彦さんは、社会、そして人とどのように出逢い、向き合っているのか。その答えを探ってみました。

「好きなこと」の延長線上の自然な道筋

小さい頃から絵を描くことが好きで、絵を描く仕事に就きたいという気持ちはずっと持っていました。小中学校は剣道部で、高校に入る時に、もうそろそろ違うことがやりたいなと何気なく入ったのがバスケ部だったんです。やってみたら、バスケが一番楽しくなって。自分にとって職業としてリアリティがある漫画家になりたいと決めたのも、ちょうどその頃でした。夢中だったバスケを描くというのは、自然な流れだったんです。

『スラムダンク』を連載していた時期、ＮＢＡ（北米プロバスケットリーグ）の試合を見歩く機会がありました。その時たまたま、サンズというチームにいたケビン・ジョンソンという選手が、貧しい子どもたちのための教育施設「セント・ホープ・アカデミー」をつくったという話を聞いて見に行ったんです。アメリカでは、成功した人たちが社会に還元するというのが、ひとつの流れになっていて。その具体例を見たことが、自分の中に強く刻まれました。当時はまだ29とか30くらいの頃だったんですが、もう少し大人になったら、何か社会に還元していきたいと考えるようになりました。

大好きなバスケが与えてくれたこと

「スラムダンク奨学金」の設立はその時の思いがきっかけになってあたためていたものです。『スラムダンク』の累計販売部数が1億冊になったのを機に、「バスケットボールというスポーツへの恩返しをしたい」と集英社の方に相談しました。幸い賛同してくださり、今日まで大きな力になっていただいてます。この4月には6期生が渡米します。

日本では、高校を卒業した後、選手になる道はもちろんのこと、バスケの周辺で生きていくという道がかなり限られています。それで、広い意味でバスケと関わって生きて行く道をつくりたいと思いました。アメリカでバスケがどれだけ愛されていて、まちや環境の中に文化として位置づけられているかということを肌身で感じてもらって、その経験を日本にフィードバックしてもらえたら、何かしら変わるんじゃないかと。そういう人が一人でも二人でも増えて広がっていけばいい、自分たちにできることはそういうことじゃないかと考えました。

フィルターを取り外し、真っ直ぐに見る

『リアル』で車椅子バスケを題材にしたのは、アメリカにいた時、偶然テレビで見た車椅子バスケがすごく面白くて、いつか漫画で描いてみたいと思っていたからです。

　障がい者スポーツを「感動もの」に仕立て上げて伝えようとする風潮は好きになれません。本人たちは日常を生きているわけで、障がいがあるから感動しなくちゃいけないというのは違和感があることで。だから、感動を煽るような言葉は絶対に入れないでほしいと編集者にも話していました。選手たちは取材にとても協力的で、長い付き合いの中で、多くのことを話してくれるようになりました。障がいを持ち、アスリートとしていろいろな段階を乗り越えてきた人たちなのだろうと思います。その世界を知る中で見えてきたこともあります。例えば、パラリンピックはオリンピックと管轄省庁が違うから国のトレーニングセンターが使えないこと、遠征費用も多くの場合、自己負担だということ。そういうところはよくしていきたいと思うし、もっと発信していきたいと考えています。描かせてもらい、自分も得るものが多いので、何か恩返しできるといいですね。

震災と作品づくりと

東本願寺の『親鸞』の屏風画を手がけたのは、ご依頼をいただいたご縁からでした。作品が完成し、搬出したのが２０１１年３月10日の朝。翌日に東日本大震災が起きました。東本願寺からのご提案で、チャリティー用にポスターやグッズをつくろうという話が決まりました。東本願寺さんは被災地にもいち早く入られていて、そういった活動にとても積極的だったのです。

『Smile』というイラスト連作は、震災の後、いろいろな形で寄付につながることになりました。10年の秋頃『リアル』の打ち上げでｉＰａｄを頂き、指で絵を描け

るのが面白くて、時々描いたイラストをツイッターにアップしていました。体調が悪かったり精神的にも元気のない時期だったので、ふと笑顔の絵を描いてみたのが『Smile』の始まりです。「自分と同じように、今元気がない人もいるかもしれないなあ」と思って描いて置いておく感覚でした。震災が起きてからは描かずにいられなくなり、だいぶ数が増えました。

震災で僕自身が大きく変わったとはあまり感じていません。あったとしても僅かなものかなと思っています。忙しかったり身体がキツい時に、遠くまで出掛けていって壁に絵を描くというようなことは、今までだったらきっとやらなかったんじゃないですかね。震災が起こって、自分の関心が「日本人」に広がったのかもしれないです。「近所」がちょっと広がった感じで。でも、それも全部、今までの自分の延長線上にあるもので。

大事なのは、当事者であるかということ

「強さとは何か」というのを僕は漫画を通じて描いていますが、「全体を善き方向へ動かすこと」ではないかと思い始めています。だとすると、強い人というのは「助けて」と最初に声を上げる人のことじゃないか。その声が人を動かすのだし、ディフェンスのない状態でないと言えない言葉ですよね。それは勇気が要ることです。

僕が漫画家としてやっているのは、何かを感じさせるようなものを描いて、置いておくことです。何を受け取るのかは、見る人が決めることだと思うのです。人は、いくら想像してみたところで、自分が体験したことしか分かりませんし、僕自身は何かをつくる時に、初めに枠を決めて、それにつじつまを合わせていくようなことは、気持ちがよくないんです。予定調和とか「要するに」という言葉が嫌いなんですね。

言葉には、想像を狭めてしまうところがあると思います。「ボランティア」は「いいこと」だと信じ込んでやるのは危険ですし、「いいこと」だからやらなくちゃならないなんてことはありません。実際にやっていると自問自答もあると思うんです。人生で大切なことは、自分の歩む人生の道の上に、自分で見いだしていくものだと

思うんですね。
「ソーシャル」という言葉も多くを意味しますが、もし何かあるとすれば「当事者かどうか」ということなのかなと思います。なんでもかんでも関わらなくていいと思います。自分に余裕がなければ、まず自分を助けた方がいいし、その人の人生に引っかかりがあることなら、やればいい。

　情報ばかりがあふれる現代、自分じゃないものになろうとしたり、必要ないものを欲しがって手に入らず、不安になっている人は多いんじゃないでしょうか。自分以外の何かになろうとしなくていい。もっと、自分の道を歩いていいと思います。内側にすでにあるものに目を向けてみては。

井上雄彦（いのうえ・たけひこ）　1967年鹿児島県生まれ。1990〜96年週刊少年ジャンプ（集英社）にて高校バスケの青春を描いた『スラムダンク』を連載。国内発行部数一億部を超える大ヒットとなる。98年から宮本武蔵を主人公とした『バガボンド』（講談社『モーニング』）、99年からは車椅子バスケを題材にした『リアル』（集英社『週刊ヤングジャンプ』）の連載を開始。文化庁メディア芸術祭マンガ部門大賞、手塚治虫マンガ大賞など多くの賞を受賞。海外にも多くのファンを持つ。06年バスケのプロを目指す高校生の米国留学を支援する「スラムダンク奨学金」を設立。東本願寺の依頼により六曲一双の屏風『親鸞』を制作するなど、「漫画」の領域を越え幅広い活動を展開している。

「雄勝・希望のキャンバス」プロジェクト（宮城県石巻市）は、友人である左官職人挟土秀平氏から声をかけられて関わった。左官の職人たちが壁をつくり、住民の方たちが思いを込めた言葉や絵を描いていく。その隣で、自分もまた、絵を描く。「寒かったですよ。描いているそばから凍っちゃう。こんなの初めてだって言いながらね…」

『リアル』。「作品について話す時、『リアル』や『リアリティ』という言葉をよく口にしていたことから、編集者からこのタイトルを提案されました。作品づくりは登場人物との出逢いのプロセスでもあります。想像力はどこまで到達できるのか。どれくらい当事者でいられるのか。『外枠』を決めてそこに向かう描き方はしたくないんです」

『スラムダンク奨学金』。「自分の得たもの、それ以上のことをやっているつもりは何もないんです。大好きなバスケからたくさんのものをもらって、そこにたまたま、何か還元することができて。そのことで自分もまた、得るものがあって。本当に有り難いことだなと思っています」

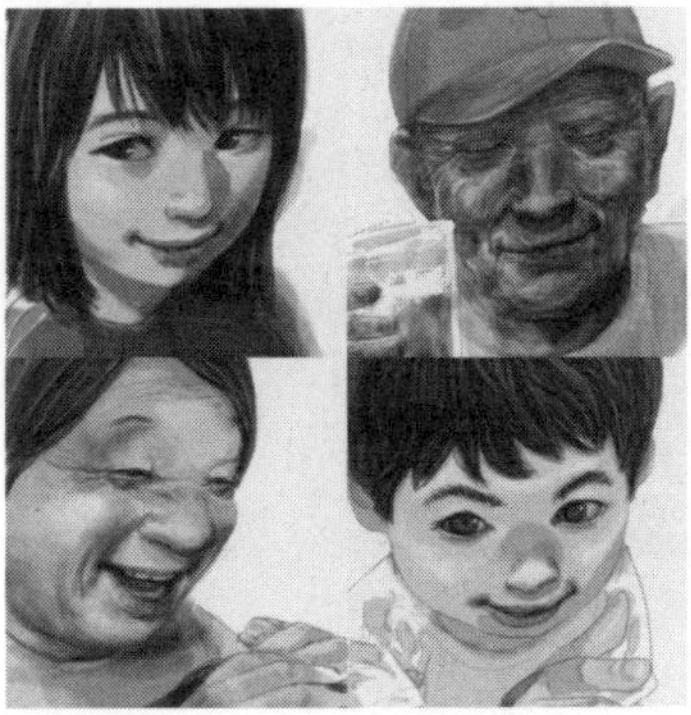

『Smile』。「『素に戻る』というか。心がグチャグチャな時、ふっと笑うようなことで本来の自分に戻れるような瞬間があったらいいなっていうのが、この原点にあるんだと思います」

東本願寺・親鸞聖人七百五十回忌屏風画『親鸞』。作品の派生商品の収益は東日本大震災の被災者支援のために寄付された。「漫画家として、とても光栄な仕事を頂いたと思っています」

坂之上洋子

社会は思うよりずっと簡単に変えていける

建築デザイナーとして国際的な賞を多数受賞し、
現在は分野を越えて自由な立場で活躍する坂之上洋子さん。
その生き方や考え方はソーシャルに活動する人たちをはじめ、
さまざまな人たちに影響を与えています。

人生の「大切なこと」に気づいて

ソーシャルの世界に関わるようになったきっかけは、子育ての経験をして、他の子どもたちまで心底可愛く大事にしたいと思うようになったことです。子育ての経験のない時にも、例えばカンボジアで9歳の少女が売春宿に売られていると知ってひどいと思ったことはありましたが、特に行動はしませんでした。親になって、そのことを現実的に想像してみたら、いてもたってもいられなくなったのです。人は、心の底から「これだけは許せない」、「これだけはゆずれない」と本気で思った時にだけ何か行動を起こせるのだと思います。

とにかく何かやろうと思いましたが、実際には子育てや仕事がものすごく忙しく、なかなか取りかかれないでいる私に、友人がアドバイスしてくれたのが、3：7法則です。「自分の3割は社会貢献に使うと最初に決めると、うまくバランスがとれるよ」。

そうしたら、突然いろんなことがスムーズに動き始めました。どんなに条件のいいオファーを頂いても、3：7法則が実行できなくなるなら、やらない。そういう選択ができたのは、19歳の時、母の長い闘病入院生活の付き添いをして、大事なのものは何なのだろう、死んだら何も持っていけない、と深く考えさせられたことが影響していると思います。長続きさせるポイントは、バランスと両立です。今は、案件を選ぶ時には「次世代の子どもたちや社会に役にたつのか？」を自問することにしています。人生は長いようで短いから、そういう優先順位があってもいいかな、と思うのです。

新しい立ち位置を肩書のないままつくっていく

今私は、個人事業主として、国際機関、NPO、社会事業家、ソーシャルカンパニーなどの経営戦略を立てています。政治に関心を持ったきっかけは、米国でブランディングやPRの仕事をしていた時、クリントン大統領の報道官を担当していたのが当時僅か二十八歳の女性だったということに衝撃を受けたこと、そこから政党の戦略を研究し尽くしたことがあります。

日本に帰国後、心から応援したいと思える政治家の方と、偶然の出会いがありました。最初はメールから、次第に選挙区にまで通うようになって、スピーチを書いたり戦略を立てる程の信頼関係を築いていきました。とても保守的な選挙区で苦戦を強いられていましたが、「いつかは財務大臣になりたい」と言うその人に「だったら財務大臣のつもりで動いてください」とアドバイスをして、最終的には圧倒的な票差で当選しました。改定ＮＰＯ法案を通す時にも、その人が力になってくれたんです。

私は党派ではなく、常に人を見て、純粋に応援したい人を応援しています。利害関係を持たないように、ビジネス関係は持ち込まない。そういう立場だからこそ自分がポイントパーソンになって、誰にでも声をかけて超党派で集まる場を設定することもできるのかなと思っています。

履歴書に書けないところを磨く

仕事をしているうちに、自分の意外な特技に気づくこともあると思います。実は私が一番強いのは、「ディザスターレスキュー（仕事で非常事態が起きた時のレスキュー）」かもしれません。プロジェクトというのは、大抵どこかで大変な場面に直面するものですよね？ そういう時に「大丈夫」と平気な顔で、非常事態に対処して、再スタートさせることが普通の人より上手いかもしれません。それは、自分自身でもやってみるまでは気づかなかった特技でした。

個性は、誰でも必ず持っているものです。こつこつ整理整頓するのが得意。エクセルなら誰にも負けない。物怖じなく誰にでも話かけることができる。そういうことは、実はソーシャルなことを手伝う上でものすごく重宝されるのです。

どんな働き方を選ぶとしても、自分で食べていくためのスキルを身につけることは絶対に必要です。今、ソーシャルの世界はとても人を必要としています。いろいろな社会貢献活動がありますから、自分の性格やスキルと合った居心地のよい場所を見つけることが長続きするコツだと思います。人間関係って大事です。

社会は案外、簡単に変えられる

もしもソーシャルのことに関心があるなら「小さなことでいいから関わってみて！」と誘いたいです。全国の保育園の給食の放射能測定検査が国の政策になった時も、渋谷区のお母さんたちがツイッターで私に話かけてきたことがきっかけのひとつとなりました。理解のある国会議員の先生に相談して、実現に結びつけていただいたのです。小さいことでも前向きに考え動いていれば、応援してくれる人たちときっとつながっていけると思います。今はソーシャルメディアのネットワークもあるし、どんどん自分から動いて、ソーシャルの世界に関わる人が増えてくればいいなと思っています。

坂之上洋子（さかのうえ・ようこ）　経営ストラテジスト。シカゴ、ニューヨーク、北京と15年以上の海外生活後、東京へ。米国で建築デザイナーとして数々の賞を受賞。米国ITコンサルティング会社の副社長を経て起業。事業を売却後独立。現在は、社会貢献系のプロジェクトを中心に活動し、政府、企業経営者、NPO代表者などへの戦略アドバイスや執筆、講演会などを行う。著書に『結婚のずっと前』（二見出版）『犬も歩けば英語にあたる』（英治出版）『プレゼント』（メディアファクトリー）

観光庁ビジットジャパンのクリエイティブアドバイザーやテレビ番組のプロデュースなど、官民問わず数多くのプロジェクトに携わり、各国要人や著名人を結びつけている。

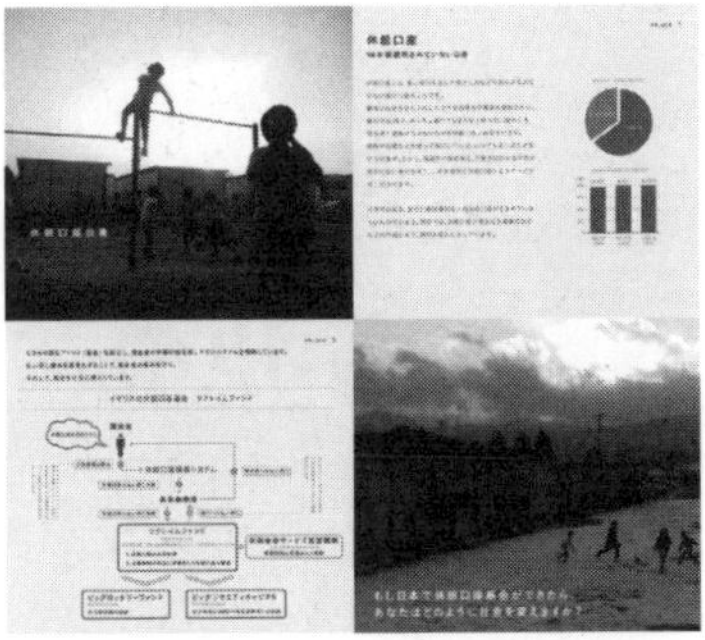

休眠口座白書等、多くの行政制度改革プロジェクトにも関わる。難解に思われがちな制度も、分かりやすく直感的な資料に仕上げることで、一般の理解浸透に結びつく。

講演先の栃木県壬生町・壬生城址公園にて

高野誠鮮

UFOからローマ法王まで
過疎高齢地域を救った型破りの戦略

華やかなテレビ業界を離れ、実家の寺を継ぐことになった
高野誠新さん。その常識を覆す発想と行動力は、
65歳以上が人口の半数を超える限界集落を抱えたまちの名を
猛スピードで世界的ブランドに仕立て上げました。

絶対に選びたくなかった選択が人生を変えた

僕の実家は石川県羽咋《はくい》市にあるお寺です。兄は早々と継がないことを決め、次男の自分に後継者としての期待が掛けられていました。

それまでは、東京のテレビ業界で働いていました。テレビの黄金時代で、製作費は何千万円、ヘリコプターを飛ばしたり、ラスベガスまで出掛けて会議をしたり、自分の好きなＵＦＯについての企画・制作をしたりと、とても楽しく過ごしていました。

僕は僧侶になることが嫌でした。だけど出会った人たちから不思議と「君は家を継ぐべくして生まれた」と言われることが多く、29歳の時、腹をくくって、寺を継ぐことを決めました。結局は新しい世界に入っていくことが好きなんですね。寺といっても檀家さんが１００軒くらいなので、僧侶だけでは生計は成り立ちません。だから、父親と同じように、公務員と兼業で住職をするしかありませんでした。市役所の臨時職員からのスタートでした。

「こじつけ」でもいい、まちの売りを探し出せ

しばらくは、自問自答の日々でした。役所にいても悪いことしか目につかないし、まちづくりに関わるよう言われたときも嫌だなあと思いました。でも、考えてみたら僕は評論家になるためにここにきたんじゃありません。それで「いいことを見つけよう」と視点を変えて、「うちのじいちゃんはまち一番元気だ」とか「漬物一番はここだ」という「まち一番話」を集めて、自腹で「まちのギネスブック」を８千部作り、各世帯に無料で配布してみました。すると、たくさんの良い反響がありました。

ギネスを作る途中で、偶然古文書の中に「西山より東山へ徐々に移りゆきし怪しい火」という伝説が書かれているのを発見しました。「これはＵＦＯだ!」。盛り上がった僕は、やる気になった青年団のメンバーたちに声をかけ、「羽咋ミステリークラブ」を作って夜な夜な集会室に集まり、ＵＦＯのまちづくりを始めることにしました。会費５００円、元手６千円からのスタートです。

日本人には、自分のことは過小評価し、遠くからの情

報は過大評価する特性があります。だから僕は、羽咋市から遠い北海道や海外のあらゆるメディアに「羽咋市がＵＦＯでまちおこしをしている」という情報を流すことにしました。まず宣伝をして話題を先につくるんです。そのうち取材の問い合わせが入るようになると、慌てて「ＵＦＯうどん」という名物メニューを開発しました。それが雑誌で紹介され、ＵＦＯをネタにした商品が次々開発されるようになってくると、行政もついにこの活動を認め、翌年には５００万円の予算がつきました。僕は早速「海外から専門家を呼んで国際会議をやろう」と提案しました。はじめは市も議会も大反対、協賛金を求めた企業からは企画の甘さを指摘されて散々でしたが、施行錯誤した結果、最終的に4万５２００人を集客し、入場料だけで2千万円の黒字を出すことができました。翌年、国から52億円もの予算を得て宇宙をテーマにした公共施設をつくることが決まりました。僕はどうしても本物の宇宙船やロケットを飾りたくて、アメリカに渡り、ロシア人とヒヤヒヤものの交渉の結果、旧ソ連のロケットを直接買い付けることに成功しました。

「神の子（キリスト）の原の米」をローマ法王に

次の選挙でアンチＵＦＯ派の市長が選ばれると、僕は農林水産課に異動になりました。地域の人たちに話を聞いてみると、神子原《みこはら》地区が平均年齢75歳、18年間も子供が生まれていない限界集落になっていることを知りました。これを聞いて、「なんとかしたい！」と考えました。

神子原地区の棚田の米を買ってもらうには、ブランド化が必要です。それには影響力の高い人物に食べてもらおうと「神子原＝神の子（キリスト）の原の米」とこじつけて、ローマ法王に打診してみました。すると、バチカン市国の在日大使から「神子原はたしかに、神聖な地名ですね。わがバチカン市国も住民８００人の世界最小の国です。小さな村から小さな国への架け橋になりましょう」と快諾の連絡が来たのです。このことがＮＨＫをはじめ多くのメディアにとりあげられると、神子原の米は一気に有名になりました。神子原地区への移住を希望する若い世代が次々に現れ、09年には限界集落から脱出することができたのです。

日本の農業には、世界的競争力がある

マイナス思考の人たちは、失敗したらどうなるかということばかりを気にします。転んだら起き上がればいい。怪我をしたらこうしたらうまくいくということを覚えていけばいいんです。稟議書がないとお役所が動かないなら、稟議書不要の小規模予算でプロジェクトを動かす。神子原米のブランド化も、そうやって進めていきました。

僕は今、無農薬・無肥料の自然栽培で作られた安全で美味しい農作物の生産拡大に取り組んでいます。日本古来の方法で育てたら、世界で勝負できる力のある農作物をきっとつくることができる。そう強く信じて、毎日慌ただしく走り回っています。

高野誠鮮（たかの・じょうせん）　１９５５年石川県羽咋市に生まれる。立正大学仏教学部卒業、科学ジャーナリスト、テレビ番組の構成作家として活動。羽咋市役所勤務臨時職員に。宇宙博物館「コスモアイル羽咋」や一・五次産業振興室創設（農山漁村活性化計画）、ローマ法王へ神子原米の献上、第一期『木村正則自然塾』開催、『第一回全国木村秋則自然栽培フェアｉｎはくい』開催など、数多くのプロジェクトを仕掛け続けている。

コスモアイル羽咋に展示された本物の宇宙船。「ハコモノではなく、中身が大事です。日本の博物館に飾ってあるものはほとんどが偽物です。本物は、オーラが違う」

神子原米をローマ法王が食していることはカトリック教徒のメーリングリストでも話題になり、一度にたくさんの注文が入った。神子原米はパリの三ツ星レストランでも提供されている。

福井崇人

今いる職場を、ソーシャルな
仕事の現場に変えていく

電通でソーシャルデザインを手がける福井崇人さん。
けれどもそのポジションは初めから用意されていた訳では
ありませんでした。情熱を仕事の現場に落とし込む。
そこにはチャレンジの物語がありました。

追求し続けた「その先の何か」

アートによるコミュニケーションの可能性に惹かれて美大でデザインを専攻した僕は、大学を卒業した後、デザイナーとして広告の世界で働きはじめました。当時は大量生産・大量消費の時代で、新聞、駅張りのポスター、コマーシャルなど、とにかくたくさんの作品を作って発表する仕事の連続でした。街を歩いていると自分のつくった商品広告をテレビや新聞、雑誌で目にすることが楽しかったし、忙しいけれど充実した日々でした。

たくさんの作品を手がけながら、ふと、自分にとって作品とは何かを考えさせられる瞬間がありました。それは、大学時代にデザイン学科で「社会のためにデザインすること」を考えされられた経験や、国際美術展の作品を見て、アートと広告との境目が曖昧な世界もあるのだという発見からのものでした。モノをつくる人間として、いつかは社会に長く残る作品を丁寧につくってみたいという気持ちが、心の中に沸き起こっていました。

30歳の時、運転していた車が大型トラックに衝突し、九死に一生を得る大事故にあい、このことは自分の人生をじっくりと見つめ直すきっかけとなりました。

職場に復帰して、撮影で使う木の下駄箱を探しにとある小学校を訪れたことがありました。そこでふと思い立って、校長先生に「自前でポスターをつくりますから、それを教科書代わりにして、ここで出前授業をさせてもらえませんか」と相談してみたのです。子どもたちとポスターを見て、「将来どんな大人になりたい？」「幸せについてどう思う？」というようなことを話し合い、最終的にはポスターをつくってもらうという提案でした。

学校側の承諾を受け、実際に授業を担当させてもらえることになりましたが、先生は説明に困って僕を「この学校の卒業生です」と紹介していました（笑）。もちろん予算もないので、製作費はすべて自分の持ち出しです。子どもたちが描いたポスターはどれもとてもユニークで、子どもたちは付箋を貼って気にいった作品に投票し、感じたことを自由に共有し合いました。先生たちは必要な経費をなんとか捻出しようと、授業風景や子どもたちの作品を写真に撮って、ポストカードにして父兄に販売することを思いつきました。なかには僕が仕事をしながらこういう活動に関わっていることをあまり肯定的に捉えていない人たちもいましたが、思い切ってこの授業のことをニューヨークの広告賞や、ヨーロッパのポスターのビエンナーレに応募してみたところ、賞を受賞することができました。このことは、自分にとってとても大きな自信につながりました。

真剣に向き合うことで見えてきたもの

　世界の貧しい子どもたちを救う活動をしているワールド・ビジョン・ジャパン（ＷＶＪ）という国際ＮＧＯがあります。２００２年のある日、寄付金の振り込み用紙の通信欄にＷＶＪの広告について個人的に意見を書いてみました。すると、ＷＶＪから「是非お話を聞かせてください」と電話が掛かってきたんです。そこで僕は、ＷＶＪの今後20年分くらいの活動を考えて、お話をしに行きました。もしかしたら怒られるかもしれないと思っていたら、その場で「是非ポスターをつくってください」とお話をいただきました。それで早速、難民に古着を送るキャンペーンのポスターづくりにボランティアとして関わることになりました。

　表現を考える作業は、アイデアの開発でもありました。「お金がない制約の中で、どうやってたくさんの古着を集めるか」ということがＷＶＪの課題でした。ＷＶＪはポスターを貼らせてもらえる場所をたくさん持っていたので、僕は、両面テープを使ってポスターに古着を貼り付けてもらうというアクションポスターを考えました。次の年には学生たちにポスターをつくってもらったことが話題になりメディアにも多く取り上げられ、最終的には広告掲載費ゼロで3年間で約百万枚の古着が集まりました。ソーシャルってＰＲ（広く知ってもらうこと）なんだなと、この時強く思いました。

　この作品では成果を出すことを優先し、デザイナーとしてのデザインを放棄することを選びました。振り返ると、プロジェクトを通じて、「ポスターをデザインする」という発想から「社会をデザインする」という風に、表現の幅が広がったのかなと思います。

会社も公認、本当にやりたかったことの実現

世界各地の現場を訪れ肌感覚で情報を得ると、世界の捉え方が変わってきます。スウェーデンでは二十歳ほどの女の子が市長をしているのを見てとても驚きました。地球温暖化で国土が沈むと言われているツバルでは、現地の人たちの明るい日常に触れました。現場に足を運ぶうちに、個人的に環境問題にも深くコミットしていくようになりました。

そんな折、03年に環境省の「環の国くらし会議」のメンバーに電通社員として選ばれ、いろいろな分野の人たちとアイデアを共有する機会を得ました。ソーシャルといわれるものの多くは、行政の領域にあります。だから、省エネには「ライトダウン」、CO_2削減には「クールビズ」というように、国民参加型の活動を提案していきました。

「エコセレブをつくろう」というのもその一つです。アイデアに賛同してくれた山本良一先生たちと一緒に「2025プロジェクト」というNPOを立ち上げ、女優の

古着を届けた先のタンザニアの難民キャンプを訪れたことで、社会の見え方がぐっと変わった。以来、仕事でもプライベートでもできるだけ多くの現場を訪れている。

小学校の授業では子どもたちの表現にはっとさせられることもあった。「広告業界の評価を離れて誰もやったことがないことをやってみる」という挑戦の第一歩であるこの体験は、その後多くのソーシャルなプロジェクトを手がける契機にもなっている。

宮崎あおいさん・兄の将さんのふたりがインドで見て感じたものを「たりないピース」という本にまとめました。本は繰り返し読まれ、時間を超えて手元に残ります。ディレクターそしてプロデューサーとして本づくりに携わるのは初めての体験でしたが、この時には会社もプロボノとしての活動を公式に認めてくれて、会社の株主総会で社員の社会貢献事例紹介に取り上げていただくなど、社をあげて応援してくれました。

ソーシャルの現場をデザインしていく

　気がつくといつの間にか、社外での活動を社内で講演する機会が増え、社内にもソーシャルへの関心が高まってきました。09年にはソーシャル・デザイン・エンジンというチームが結成され、遂に社内にソーシャルな事業を手がけることのできる体制が整ったのです。

　この20年間で、企業の広告予算は下がる傾向にありますが、行政がソーシャルプロジェクトに費やす予算は確実に増えてきています。海外の多くの国で実践されているように、行政にもクリエイティブで社会的インパクトのある事業が求められているのです。

　ソーシャルクリエイターにはＮＰＯや行政、企業などをつなげていくことが求められています。社外での活動を通じて培った新しい人脈は、仕事の場にも十分活かしていけるのです。サラリーマンであっても、社会の課題に興味を持って、それに取り組む場所を会社の中につくっていくことはきっとできるはずです。社会貢献活動に専念するために今の仕事を離れる人たちもたくさんいますが、会社に留まり続けて、職場からソーシャルな活動に関わる人たちがもっと増えていったらいいなと僕は考えています。

福井崇人（ふくい・たかし）　一九六七年兵庫県尼崎市生まれ。金沢美術工芸大学卒業後、電通に入社。クリエイティブディレクター・アートディレクターを務める。カンヌ、アドフェスト、ニューヨークＡＤＣ、ＡＤＣ賞など、国内外のデザイン賞の受賞歴多数。「Tigers Save Tigers!」、「ＦＡＭＩＮＥ」、「ライトダウン」、ラブケーキプロジェクト、ＣＯＰ10折り紙からのメッセージ、「なんとかしなきゃ！プロジェクト」などでソーシャルアクトを起こす。03年、環境省「環の国くらし会議」分科会メンバー。05年、ＮＰＯ「2025PROJECT」発起。現在、ソーシャル・ソリューション局部長、電通ソーシャル・デザイン・エンジンのチーム・リーダー。

第6章

ソーシャルデザインの歴史

ソーシャルデザインは、社会の課題を解決しようとする試みの中から生まれてきました。歴史を振り返ることから、その関係を探ってみます。

時代	世界情勢　社会現象など	ソーシャルデザインの動き
1840年代	イタリア統一戦争	●YMCA設立
1860年代		●赤十字国際委員会発足
1910年代	第一次世界大戦（1941~1918）	●セーブ・ザ・チルドレン設立
1930年代	戦争孤児	●ピカソ『ゲルニカ』 ●プランジャパン設立
1940年代	第二次世界大戦（1939~1945） 国際連合（国連）設立 国連児童基金（UNICEF）設立 国連教育科学文化機関（UNESCO）設立 世界人権宣言採択 欧州経済協力機構	●オックスファム設立 ●AC設立（米） ●赤い羽根共同募金設立 ●国際自然保護連合（IUCN）設立
1950年代	朝鮮戦争（1950~1953） 国連難民高等弁務官事務所（UNHCR）設立 国連パレスチナ難民救済事業機関（UNRWA）設立 国連宇宙空間平和利用委員会（COPUOS）設立	●手塚治虫『ジャングル大帝』 ●マグサイサイ賞発足 ●ワールドビジョン設立
1960年代	アフリカで野生動物乱獲 国連世界食糧計画（WFP）設立 経済協力開発機構（OECD）設立 宇宙条約発効 国連開発計画（UNDP）設立 国連貿易開発会議（UNCTAD）設立 ベトナム戦争（1960~1975）	●ベルマーク運動開始 ●世界自然保護基金（WWF）設立 ●アムネスティインターナショナル設立 ●マーティン・ルーサー・キング・ジュニア、ノーベル平和賞受賞 ●モハメド・アリがベトナム戦争への徴兵を拒否 ●アポロ11号月面着陸 ●ウッドストック・フェスティバル開催

～1970年代

環境問題の深刻化、
地球はひとつという意識、女性の社会進出

1970

国連ボランティア計画（UNV）設立

- アメリカ合衆国ゲイロード・ネルソン上院議員によるアースデー集会の呼びかけ
- ACジャパンのルーツ、関西公共広告機構設立

1971

世界経済フォーラム（WEF）設立
環境庁設置
ニクソンショック
バングラデシュ独立戦争
アメリカ核実験
原発・捕鯨
公害問題深刻化
海外旅行者年間初めて1000万人突破

- ジョン・レノン『イマジン』
- グリーンピース設立
- Friends of the Earth International（FoEI）創設
- 「国境なき医師団」設立

1972

国連人間環境会議：Only One Earth（かけがえのない地球）
国連環境計画（UNEP）ナイロビに設立
沖縄返還／沖縄の復帰
『日本列島改造論』

- ローマクラブ『成長の限界』を発表
- シャプラニール設立

1973

第四次中東戦争勃発
第一次石油ショック
国連大学（UNU）設置

- ヘリテージ財団設立

1974

国連人口活動基金（UNFPA、現在の「国連人口基金」）設立
ウォーターゲート事件　国連人口会議
セブンイレブン1号店出店
気象庁「アメダス」運用開始

- カーネーション革命（リスボンの春）
- ワールドウォッチ研究所設立
- 公共広告機構（AC）発足

1975

英国保守党党首にマーガレット・サッチャー選出
ベトナム戦争終結
ポルポト軍事独裁政権
倒産企業増大

先進国と開発途上国の格差は益々拡大し、資本主義圏と共産圏の対立が深まりました。石油などの資源を巡る国家間の対立激化、ベトナム戦争の継続など、世界各地で緊張度の高い状態が続きました。先進国では工業発展に伴う公害が問題となり、1972年にストックホルムで開催された国連人間環境会議では日本からは水俣病患者が参加して話題になりました。アメリカではミュージシャンや若者たちが盛んに世界平和を求める活動を展開しました。

1976

ロッキード事件発覚
『限りなく透明に近いブルー』

1977

ハイジャック事件多発
「スターウォーズ」
アップルコンピュータ設立

- グリーンベルト運動開始
- 保母資格男性にも取得可能に

1978

日中平和友好条約調印
国連人間居住計画（UNHSP）設立
試験管ベビー（体外受精児）登場　サラ金

- ヒューマン・ライツ・ウォッチ設立
- 24時間テレビ『愛は地球を救う』第1回放送

1979

アメリカ合衆国と中華人民共和国が国交樹立
スリーマイル島原子力発電所で放射能漏れ事故
サッチャーが英国首相に選出
第二次石油ショック
エジプトとイスラエルが和平条約締結
インベーダー・ゲーム　省エネ

- マザー・テレサ、ノーベル平和賞受賞
- アメリカズ・セカンドハーヴェスト設立
- 松下政経塾設立

1980

イラン・イラク戦争勃発
ゼロ成長　転職（とらばーゆ）　ヘッドホン族

- セルフヘルプ設立
- 日本国際ボランティアセンター（JVC）設立

1981

アメリカ、スペースシャトル初飛行に成功
AIDS症例報告
「電子郵便」実験サービス開始

- シティ・ハーヴェスト設立
- 予算・政策プライオリティセンター設立
- アショカ財団設立

1982

ナイロビ宣言採択
フォークランド紛争
カード式公衆電話、テレホンカード発売　ネクラ

1983

ファミリーコンピューター（ファミコン）
ジャパゆきさん　『おしん』放送開始

1984

国連女性開発基金（UNIFEM）設立
ロサンゼルスオリンピック開催
スペースシャトルディスカバリー打ち上げ成功
グリコ・森永事件　ニューメディア元年　財テク
Macintoshデビュー

- 『風の谷のナウシカ』劇場公開
- シェア・アワー・ストレングス設立
- TED設立

1980年代

冷戦の終結、民主化、
大量消費社会、いじめ問題

1985

ミハイル・ゴルバチョフ共産党書記長選出、レーガン大統領とジュネーブで会談
男女雇用機会均等法成立
いじめ問題深刻化（いじめ自殺元年）
内需拡大

- 『We are the World』リリース
- ライヴ・エイド開催
- 国境なき記者団設立

1986

チェルノブイリ原子力発電所事故
土井たか子が日本社会党委員長に就任　新人類

1987

大韓航空機爆破事件
世界人口50億人突破
国鉄分割・民営化
NTTが携帯電話サービス開始　朝まで生テレビ
朝シャン　カウチポテト

- コンサベーション・インターナショナル（CI）設立
- 『我ら共有の未来』発表
- NGO活動推進センター（JANIC）設立

1988

気候変動に関する政府間パネル（IPCC）設立
ペレストロイカ開始
バブル景気　リクルート事件発覚　おたく族

- シティイヤー設立
- ユースビルドUSA設立

1989

子どもの権利条約採択
連合（日本労働組合総連合会）設立
モントリオール議定書発効
外務省NGO事業補助金制度開始
天安門事件　ベルリンの壁崩壊
昭和天皇死去　消費税導入
内外価格差　トレンディー　みつぐ君

- ダライ・ラマ14世、ノーベル平和賞受賞

1990

雲仙・普賢岳で火砕流
女子高生校門圧死事件
ファジー

- ミハイル・ゴルバチョフ、ノーベル平和賞受賞
- ティーチ・フォー・アメリカ設立

1991

湾岸戦争勃発
ソ連邦崩壊、独立国家共同体の誕生
4大証券が巨額の損失補填
国連薬物統制計画（UNDCP）設立
バツイチ　地球にやさしい

- アウン・サン・スー・チー、ノーベル平和賞受賞
- ビッグ・イシュー設立

資本主義経済がひとつの成熟期を迎え、大量消費時代が訪れました。大企業の間には社会・芸術活動を支援するメセナと呼ばれる動きが盛んになりました。ベルリンの壁の崩壊とともに冷戦が終結すると、旧共産圏では民主化を求める声が高まりました。女性の社会進出も進み、男女雇用機会均等法が施行されるなど、社会全体が活力に満ちた時代でしたが、一方でいじめ問題などの新たな社会課題も浮上してきました。

1990年代

「失われた10年」、戦争や内紛の勃発、インターネットや携帯電話の普及

1992

ボスニア内戦勃発
国連環境開発会議（地球サミット）
生物多様性条約採択
気候変動枠組条約採択
アジェンダ21採択
暴力団対策法施行　ＰＫＯ協力法施行
自衛隊カンボジア派遣
カード破産　複合不況　ＮＴＴドコモ創立

- セヴァン・スズキの伝説のスピーチ
- 地雷禁止国際キャンペーン（ＩＣＢＬ）
- アース・カウンシル設立

1993

ＥＵ発足
世界人権会議　国連人権高等弁務官設置
カンボジアに暫定政府が発足
イスラエルとＰＬＯが相互承認
アパルトヘイト撤廃
北海道釧路沖地震　Ｊリーグ開幕
ポケベル　ナタ・デ・ココ

- ＡＡＡ（Act Against AIDS）活動開始
- ネルソン・マンデラ、ノーベル平和賞受賞
- 環境事業団に「地球環境基金」創設
- エティック（ＥＴＩＣ.）設立
- 市民フォーラム２００１設立

1994

ロサンゼルス大地震
ルワンダで集団殺りく激化
ゼネコン汚職　松本サリン事件
価格破壊　就職氷河期　人にやさしい政治
悪魔ちゃん命名問題

- シーズ＝市民活動を支える制度を作る会設立

1995

世界貿易機関（ＷＴＯ）発足
阪神・淡路大震災　地下鉄サリン事件
安全神話　インターネット　「震」

- 阪神・淡路大震災でのＡＣ広告
- こどもエコクラブ事業開始

1996

包括的核実験禁止条約（ＣＴＢＴ）採択
ＩＳＯ１４００１発効
砂漠化対処条約発効
民主党結成　Ｏ－１５７集団食中毒発生
携帯電話・ＰＨＳ契約者急増　「食」

- 気候フォーラム設立
- ＧＥＩＣ（現ＧＥＯＣ：地球環境パートナーシッププラザ）設立

1997

地球温暖化防止京都会議で「京都議定書」採択
ナホトカ号油流出事故
消費税増税
たまごっち　失楽園　「倒」

- UNESCOソーシャルデザインネットワーク「Design21」スタート
- 地雷禁止国際キャンペーン（ICBL）、ノーベル平和賞受賞
- ダイアナ妃、アンゴラ地雷原視察

1998

特定非営利活動推進法（NPO法）成立
インドネシア暴動
日本版ビッグ・バンスタート
日本列島総不況
BBCが世界初のデジタル地上放送開始　「毒」

1999

コロンビアで大地震
対人地雷禁止条約（オタワ条約）発効
iモード　「米（コメ）」関税化
世紀末ブーム　「末」

- 国境なき医師団、ノーベル平和賞受賞
- 全国地球温暖化防止活動推進センター（JCCCA）開設
- 国連グローバル・コンパクト提唱
- 第1回『大地の芸術祭』開催

2000

国連ミレニアム・サミットでミレニアム開発目標採択
三宅島大噴火　グリーン購入法
循環型社会形成推進基本法成立
桶川女子大生ストーカー殺人事件
雪印乳業集団食中毒事件
IT革命　BSデジタル放送開始　「金」

2001

アメリカ同時多発テロ事件
アフガニスタン侵攻
第一次小泉内閣発足　自衛隊が海外で軍事支援
聖域なき改革　骨太の方針
ドメスティック・バイオレンス　狂牛病　「戦」

- キャンドルナイト（自主停電運動）、カナダで開始
- 「Dream Power ジョン・レノン スーパー・ライヴ」スタート

「どうやって直すのかわからないものを、こわしつづけるのはもうやめてください」。国連環境開発会議では、わずか12歳の少女、セヴァン・スズキのスピーチが世界の人々に衝撃を与えました。この会議をきっかけに、日本にも多くのNGO、NPOが誕生。阪神・淡路大震災は日本にボランティア文化が根付く契機ともなりました。英国故ダイアナ妃の地雷廃絶への取り組みなど、セレブリティの社会貢献活動が社会に大きな影響を及ぼすようになりました。

2002

東ティモール独立
アフリカ連合発足
持続可能な開発に関する世界首脳会議
(ヨハネスブルクサミット、リオ+10)
牛肉偽装事件　自衛隊東ティモール派遣
住民基本台帳ネットワーク稼働
学習指導要綱見直し「ゆとり教育」
少年犯罪の多発　内部告発　「帰」

2003

北朝鮮がNPT(核不拡散条約)脱退を宣言
イラク戦争
環境保全活動・環境教育推進法成立
郵政事業庁が日本郵政公社へ
年収300万円　「虎」
「千と千尋の神隠し」アカデミー賞長編アニメ映画賞

- 国連環境計画(UNEP)TUNZA青年戦略採択

2004

スマトラ島沖地震
法科大学院開始
新潟県中越地震などの自然災害多発
牛肉トレーサビリティ法全国で施行
ブログの流行　自己責任　お笑いブーム
韓流ブーム　セレブファッション流行　「災」

- ワンガリ・マータイ、ノーベル平和賞受賞

2005

「持続可能な開発のための教育の10年」開始
京都議定書発効
ハリケーン・カトリーナ発生
愛・地球博　構造計画書偽造問題
ミクシィユーザー100万人突破　クールビズ　「愛」

- G-CAP(グローバルな貧困根絶キャンペーン)ホワイトバンドキャンペーン

2006

北朝鮮のミサイル発射実験、核実験
ライブドア事件　狂牛病問題
東横イン偽装工事発覚
格差社会、世界推定人口65億人突破　「命」

- グラミン銀行、ムハマド・ユヌス、ノーベル平和賞受賞
- 『不都合な真実』公開
- TEDインターネットで無料動画配信

2000年代

自然災害の増加、
安心・安全への信頼の揺らぎ、格差社会

2007

ミャンマー反政府デモ
新潟県中越沖地震
「社会起業家」への関心の高まり　ネットカフェ難民
食品偽装事件　「偽」

- IPCC、アル・ゴア、ノーベル平和賞受賞

2008

四川大地震
リーマンショック
橋下徹氏大阪府知事に当選　ゲリラ豪雨　「変」

- ケビン・ラッド、オーストラリア首相、先住民族アボリジニに対して公式謝罪

2009

バラク・オバマ大統領就任
裁判員制度開始
事業仕分け　「新」

- 動く→動かす（GCAP Japan）設立

2010

生物多様性条約第十回締約国会議開催
（COP10、愛知ターゲット、名古屋議定書採択）
社会的責任規格ISO26000発行
無縁社会　ソーシャルメディア流行　「暑」

- ジャスミン革命／アラブの春
- タイガーマスク運動

2011

国連生物多様性の10年スタート
東日本大震災
福島第一原子力発電所事故
新寄付税制開始
国際女性機関（UN Women）設立
中国の国内総生産、日本を抜き世界2位に
国連の推計で世界人口70億人に
風評被害
「絆」「シェア」

- 「ウォール街を占拠せよ（Occupy Wall Street）」を合言葉に抗議運動発生

2012

改正NPO法施行
リオ＋20（国連持続可能な開発会議）
ハリケーン・サンディがニューヨーク直撃、証券取引所取引停止など
オスプレイの搬入・配備　尖閣諸島国有化
東京スカイツリー開業　「金」

- レディ・ガガ、「ボーン・ディス・ウェイ基金」設立
- 紫陽花革命
- EU欧州連合がノーベル平和賞受賞

インターネットの普及によって、一般の市民が、簡単に誰とでもつながり、連絡を取り合える環境が整いました。日本でも、ITを駆使してオフィスを持たずにさまざまな場所から仕事をするノマドワーキングという働き方や、プロボノ、社会起業家という言葉が注目を集めるようになってきました。ソーシャルメディアを活用した社会的キャンペーンが盛んになり、個人が社会に関わる方法も多様化してきています。

あとがき

今回、13歳の米山さんから、72歳の中澤先生まで、取材に同行させていただき発見したことは、自分の「気づき」と「社会課題」を「自分らしいアイデア」で「社会をよくすること」に結びつけていることでした。そして、ちょっとした勇気が、行動に結びついていると分かりました。

最近、大学からの友人に進められて書籍『ＤＮＡでたどる日本人10万年の旅』（昭和堂）を読みました。その本によると、日本人は自然豊かな日本列島のおかげで、豊かな水や食物に恵まれ、人々は争うことを避け、互いに助け合いながら、共に自然の脅威に立ち向かってきたことが推定されるそうです。そのために日本人には少数者が生き残ることができるような、優しい思いやりのＤＮＡがあるそうです。

エコな言葉を発掘する目的で書籍『エコトバ』（小学館）を制作した際には、「朝飯前」という言葉の由来を知って驚きました。江戸の町では、朝食前に、向こう三軒両隣に声を掛けて、一人暮らしの老人や母子家庭、父子家庭など、ご近所の無事を確かめる習慣がありました。そこから朝ごはんを食べる前に行うぐらい「簡単なこと」という意味に転じたそうです。助け合いの精神から生まれた言葉です。

先人からの財産を引き継いでいることを思うと、自信と勇気をいただきました。

読むことで「気づき」のヒントと、具体的なアイデアを見つけていただき、さらにそれが自分にふさわしい新しい働き方につながっていく…それがこの本のゴールです。難しく考えるのではなく、誰でもソーシャルクリエイターになれると思っています。

この本の企画の実現には、本当に多くの方々のサポートをいただきました。わたしが、15年ほどソーシャルの活動を続けてきた中で、さまざまな途上国に行かせていただき、世界と社会をたくさん学ばせていただきましたＮＧＯの皆さま。導いてくださった本田亮様。そして、この本を一緒につくることになったソーシャルデザイン会議実行委員会の皆さま。宣伝会議の吉田和彦様、山本千夏子様、刀田聡子様。それから今井麻希子様、石田秀樹様、高馬卓史様、坂口和隆様、中西紹一様、田次徳二様、大沼真紀様、伊藤美穂様、村越力様、岩崎かおり様。企画から完成まで約1年。まるで長距離マラソンのような編集作業をしていく中で、どんどん新しい発見があり、大変充実した毎日でした。

また、大変お忙しい中、インタビューをさせていただきました中澤宗幸様、高野誠鮮様、坂之上洋子様、樽井雅美様、米山維斗様。事例をご提供いただきました皆さま。今回のために希望に満ちあふれた表紙の絵を描き下ろしていただき、さらにインタビューもさせていただきました井上雄彦様。その他、とても多すぎてお名前を書き切れませんが、この場をお借りして厚く御礼申し上げます。

たくさんの方々に見守られてこの本はようやく完成しました。

今後この本をきっかけに、より多くの方々とつながり、よりよいソーシャルデザインのための場を皆さまとつくっていけたら幸いです。

２０１３年３月吉日　ソーシャルデザイン会議実行委員会　福井崇人

参考文献

［白書関係］

- 経済財政白書（内閣府）
- 防災白書（内閣府）
- 男女共同参画白書（内閣府）
- 高齢社会白書（内閣府）
- 子ども・子育て白書（内閣府）
- 子ども・若者白書（内閣府）
- 障害者白書（内閣府）
- 警察白書（警察庁）
- 情報通信白書（総務省）
- 外交青書（外務省）
- 科学技術白書（文部科学省）
- 厚生労働白書（厚生労働省）
- 通商白書（経済産業省）
- エネルギー白書（経済産業省）
- 食料・農業・農村白書（農林水産省）
- 環境白書・循環型社会白書・
  生物多様性白書（環境省）

［国際機関関係］

- 世界人口白書（国連人口基金　UNFPA）
- 世界食料農業白書
  （国連食糧農業機関　FAO）
- 世界経済見通し（国際通貨基金　IMF）
- 人間開発報告書（国連開発計画　UNDP）
- 世界エネルギー見通し
  （国際エネルギー機関　IEA）
- 世界開発報告
  （世界銀行　The World Bank）
- 世界経済報告（国連経済社会局DESA、
  国連貿易開発会議UNCTADほか）
- 世界保健統計（世界保健機関　WHO）
- 第５次地球環境概観／
  GEO-5（国連環境計画 UNEP）
- 第４次地球環境概観／
  GEO-4（国連環境計画 UNEP）
- 生態系と生物多様性の経済学報告書
  （国連環境計画 UNEP）
- 世界難民白書
  （国連難民高等弁務官事務所　UNHCR）
- 国連ミレニアム生態系評価
- 国連ミレニアム開発目標（MDGs）
- 子どもたちのための前進
  （国連児童基金　UNICEF）2010
- EFAグローバルモニタリングレポート
  （国連教育科学文化機関 UNESCO）2011
- 国連世界水発展報告書
  （世界水アセスメント計画）2012
- 国連広報センター（UNIC）

［資料］

- IPCC第４次報告書
  （気候変動に関する政府間パネル　IPCC）
- Living Planet Report
  生きている地球レポート
  （世界自然保護基金 WWF）2012
- 『気候変動の経済学（スターン・レビュー）』
- JICA広報誌JICA's World 2012年8月号
- 生徒の学習到達度調査
  （経済協力開発機構 OECD）2009
- アムネスティ・レポート　世界の人権 2012
  （アムネスティ・インターナショナル日本）
  2012
- 電通総研LGBT調査 2012
- ヴィクター・パパネック
  『生きのびるためのデザイン』（晶文社）1974
- ジャン・ボードリヤール
  『シミュラークルとシミュレーション」
  （法政大学出版局）1984
- 竹村真一／丸の内地球環境倶楽部
  『地球大学講義録─3・11後のソーシャル
  デザイン』（日本経済新聞出版社）2011
- 英『エコノミスト』編集部
  『2050年の世界 英「エコノミスト」誌は
  予測する』（文藝春秋）2012
- ヨルゲン・ランダース
  『2052～今後40年のグローバル予測』
  （日経BP）2013
- 渡邊奈々『チェンジ、メーカー～社会起業家が
  世の中を変える」（日経BP社）2005
- レスリー・R・クラッチフィールド／
  ヘザー・マクラウド・グラント
  『世界を変える偉大なNPOの条件
  ─圧倒的な影響力を発揮している組織が
  実践する6つの原則』（ダイヤモンド社）2012

ソーシャルデザイン会議実行委員会

「社会の課題を、自分らしくクリエイティブに解決していく」ソーシャルデザイン。広告マーケティングに関わる方々がこれまで培ってきた「伝える」「巻き込む」アイデアが、まさに今求められています。宣伝会議と電通ソーシャル・デザイン・エンジンは、希望をつくる仕事＝ソーシャルデザインを担う人材を出版と教育の両面で育成していくべく「ソーシャルデザイン会議実行委員会」を立ち上げました。今後、さまざまなソーシャルクリエイターを巻き込み、継続して出版物の発行や講座の開設を行っていきます。

株式会社宣伝会議

●月刊『ブレーン』編集部
マーケティングコミュニケーションに関わるクリエイティブの専門誌。広告クリエイティブをベースに、映像、グラフィック、空間、Web、商品開発、事業開発まで、幅広い領域のクリエイティブを取り扱う。人を動かし、世の中を動かすアイデアがどのように発想され、形になっていくのか、その考え方とプロセスをひも解きながら紹介する。クリエイティビティを刺激し、仕事に役立つヒントが満載。1961年創刊。

●月刊『広報会議』編集部
日本で唯一の広報専門誌。「広報（PR）＝ Public Relations」は社会との関係づくりと考え、対メディアのみならず顧客、社員、株主、地域住民、各種関係団体とのコミュニケーション活動全般を広く扱う。紹介事例はリスクマネジメントから攻めの広報、さらには企業のCSR活動や震災復興活動、自治体のシティプロモーション、大学広報など、そのコミュニケーション主体も幅広い。2005年創刊。

●電通ソーシャル・デザイン・エンジン
「ソーシャルデザインを力強く推進するためのエンジン」として2009年に設立。社会課題を解決し、よりよい社会を実現するためのコミュニケーションデザイン、クリエイティブを提供するグリーンエージェンシーとして、広告やコンテンツの企画制作、キャンペーンの企画立案、戦略立案、CSR/CSVコンサルティングなどを実施している。豊かな知見と経験を持つクリエイターや戦略プランナーが、社内外のソーシャルクリエイターによる柔軟なチームを編成し、企業、行政、自治体、国際機関、教育研究機関、NPOやNGO、著名人などと連携、さまざまなソーシャルデザインを手がけている。

［メンバー略歴］
福井崇人（ふくい・たかし）
電通ソーシャル・デザイン・エンジン
チームリーダー　＊詳細はP146参照

籠島康治（かごしま・こうじ）
コピーライター、クリエイティブディレクター。電通ソーシャル・デザイン・エンジン所属。NGO 2025PROJECTメンバー。主な仕事に、「Tigers Save Tigers!」、「COP10オリガミからのメッセージ」、日本経済新聞「Biodiversityキャンペーン」、iPhoneアプリ「Table For Two」など。共著に『たりないピース』『生き物たちへのラブレター」（共に小学館）『世界を変える仕事44』（ディスカヴァー・トゥエンティワン）など。

北本英光（きたもと・ひでみつ）
コミュニケーション・デザイナー。電通ソーシャル・デザイン・エンジン所属。教育・学習環境領域のソーシャル・プロジェクトを多数手がける。主な仕事に、WWFジャパン「One planet lifestyle」、環境省「Light down Japan 2012」、キッザニア 事業ブランディング、電通ダイバーシティ・ラボ（DDL）プロジェクトなど。著書に『レゴブックミュージアム』（扶桑社）など。

●そのほか、本書協力メンバー
今井麻希子（いまい・まきこ）
コンサルタント、執筆家、ファシリテーター
髙馬卓史（こうま・たかし）
フリーランス・ジャーナリスト

アイデアは地球を救う。
希望をつくる仕事　ソーシャルデザイン

2013年 3月22日　初版第一刷発行
2016年 3月24日　初版第四刷発行

編著　ソーシャルデザイン会議実行委員会
監修　電通ソーシャル・デザイン・エンジン
発行者　東英弥
発行所　株式会社宣伝会議
東京本社　〒107-8550 東京都港区南青山3-11-13
TEL 03-3475-3030
http://www.sendenkaigi.com
表紙画　井上雄彦
アート・ディレクション　工藤真穂（電通ソーシャル・デザイン・エンジン）
デザイン　石田秀樹
印刷・製本　シナノ書籍印刷株式会社

ISBN 978-4-88335-274-6

この本の本文用紙には、社会的・経済的・環境的に持続可能な管理をされた森林（FM認証）から伐採した木のバージンパルプを使用しています。また、「大豆インク」、ユニバーサルデザインフォント「みんなの文字」を使用しています。

VEGETABLE OIL INK
VOC FREE T&K
みんなの文字